Der Dämon in Mir

„Diese Stimmen in meinem Kopf!"

Jason Steinke

AF284695

Manchmal muss man über viele Steine gehen, sodass am Ende aus diesen Steinen ein Weg zu dir selbst entsteht.

~Jason Steinke~

Jason Steinke

Der Dämon in Mir
„Diese Stimmen in meinem Kopf!"

Ratgeber, Biographie.

Impressum

Bibliografische Information der Deutschen Nationalbibliothek:
Die Deutsche Nationalbibliothek verzeichnet diese Publikation in der Deutschen Nationalbibliografie; detaillierte bibliografische Daten sind im Internet über http://dnb.dnb.de abrufbar.

Originalausgabe

Korrektorat: Lea Kaumanns

Coverdesign und Covergestaltung von: Celina Sieben / Instagram: @c.lna7

Kontakt: Jsnsteinke@gmail.com / Instagram: @Jay19m

Herstellung und Verlag: BoD – Books on Demand, Norderstedt

ISBN: 9783752623284

Wichtiger Hinweis zum Ratgeber:

Die Ratschläge in diesem Buch bieten keinen Ersatz
für medizinische oder psychologische Hilfe. Alles
was ich in diesem Buch, diesem Ratgeber,
geschrieben habe, basiert auf eigenen Erfahrungen &
erzählt, wie ich damit umgegangen, bin „Vielleicht"
können dir meine Erfahrungen auch helfen. Wenn
dir das nicht hilft, empfehle ich dir, trotz allem
professionelle Hilfe aufzusuchen.

Achtung: Triggerwarnung!

In diesem Buch erzähle ich ein Stück aus meinem Leben. Wie der Titel es dir vielleicht schon verraten hat, geht es um Erinnerungen, die nicht immer schön waren, um Gefühle & Emotionen, die bei dir beim Lesen vielleicht Flashbacks hervorrufen können. Ich beschriebe Situationen & Themen wie Drogenmissbrauch, Alkoholmissbrauch, Suizidgedanken, Suizidversuche, Depressionen, Mobbing, Selbstverletzung & vieles mehr. Falls du eigene Probleme mit einer dieser beschriebenen Thematiken hast, empfehle ich dir dieses Buch nicht alleine zu lesen, sondern mit einem Freund, einer Freundin oder mit deinen Eltern. Das Buch soll dir helfen & zeigen, dass du nicht alleine bist. Es soll dir auch zeigen, dass aus allem Negativen im Leben etwas Schönes werden kann.

Ich möchte auch anmerken, dass ich kein Therapeut, Psychologe oder Arzt bin, was diese Themen betrifft, sondern das ich aus eigener Erfahrung meine Geschichte erzähle. Ich möchte, dass du vorab weißt, worauf du dich beim Lesen einlässt bevor du zu den nächsten Seiten blätterst!

Wo kannst du noch Hilfe bekommen, wenn du gerade nicht weiter weißt oder gerade niemanden hast?
Es gibt kostenlose Nummern, wo man anrufen kann, zum Beispiel die Seelsorge. Wenn dir das nicht hilft, sprich beim Arzt deines Vertrauens vor. Der hilft dir einen Facharzt aufzusuchen. Du kannst auch, wenn es dir zu unpersönlich ist & du nicht weißt, wie du vorgehen sollst, mich immer gerne persönlich kontaktieren. Meine Kontaktdaten stehen auf Seite vier im Impressum.

Du bist nicht alleine, wie ich es auch nicht bin!
Ich bin für dich da, auch wenn du es vielleicht
bis dahin noch nicht wusstest.

~Jason Steinke~

Inhaltsverzeichnis:

Vorwort:

Du kennst es bestimmt, dass du dich oft missverstanden fühlst mit dem, was in dir vorgeht, was dich bedrückt & manche Gedanken dich in der Nacht wachhalten. Du hast auch vielleicht schon mehrere Etappen durch wie Arztbesuche, Therapeuten, Tageskliniken, Medikamente & vieles mehr. Vielleicht haben sie dir geholfen oder aber auch nicht. Als du jedoch dieses Gefühl in dir hattest, fühltest du dich nicht verstanden. Ja auch ich hatte dieses Gefühl am Ende, dieses Gefühl der Leere des Alleinseins. Du fragst dich bestimmt, wieso ich über meine Erfahrungen schreibe & diese mit dir teile. Ich habe keine Angst davor, mich so zu zeigen, wie ich wirklich bin. & Dazu gehört auch die Vergangenheit, weil diese ausmacht wer wir heute sind! Ich möchte dir zeigen, wer ich heute bin & wie ich in Zukunft sein möchte. Ich möchte dir auch zeigen, dass man mit negativen Erfahrungen schöne neue Dinge für sein Leben bauen kann. Ich möchte dir zeigen, wie ich es geschafft habe & zeige dir auch, wie ich damit umgegangen bin & wie ich es heute noch tue. Du wirst mich & „Vielleicht auch dich" besser kennenlernen, nachdem du mein Buch gelesen hast. Du wirst danach wissen, dass du nicht alleine mit all dem bist, was in dir vorgeht.

Diese Stimmen in meinem Kopf!

Ich kann mich noch genau daran erinnern es war im Sommer 2009 mitten im August. Es war ziemlich warm. Ich hatte eine kurze Hose an sowie ein kurzes T-Shirt & Schuhe mit Klettverschluss, weil ich Schuhe mit Schnürsenkeln damals nicht mochte. Ich ging über eine große Wiese, die sehr grün war. In der Nähe war eine Garage mit einem großen Baum der ein Stück über die Garage ging, sodass Schatten darauf fiel. Ich saß immer mit meinem besten Schulfreund unter dem Baum auf der Garage & wir haben so viel wassereis gegessen, das man es nicht mehr zählen konnte. An diesem Tag war ich allerdings alleine unterwegs. Ich ging zur Pommesbude, weil Mama mir sagte, ich solle für uns Pommes mit Currywurst holen. Das haben meine Geschwister & ich geliebt. Meine kleine Schwester mochte eher Reis mit Sauce vom Chinesen. Auf dem Weg Essen zu holen, ging ich den Weg an der Garage entlang. Da hörte ich zum ersten Mal die Stimme in meinen Kopf, die mir sagte: „Jason geh' auf die Garage, geh' bis zum Ende, nimm Anlauf & spring von der Garage runter!" Dies tat ich dann auch. Nachdem ich das tat, war ich überfordert mit der Situation, in der ich mich befand. die Stimme, die ich in meinen Gedanken hörte, war nicht meine eigene. Es war auch nicht mein eigenes Gewissen, das was man so üblich kennt, wenn man in Gedanken nachdenkt & seine eigene Stimme hört. Es war eine Frauenstimme, sehr weiblich, sehr ruhig die sehr sanft aber direkt klang. Da fing alles an.

Aber bevor ich dir meine Geschichte erzähle, erzähle ich dir von meinem Leben vor dieser Zeit. Alles, woran ich mich erinnern kann/Alles, was ich weiß.

Ich bin am 09.05.1996 in Grevenbroich geboren im Elisabethkrankenhaus um 22:07 Uhr. Als ich auf die Welt kam, wog ich 2030g, war 40 cm groß & mein Kopfumfang Betrug 35,6cm ich war also ziemlich klein. Mama durfte mich erst am fünften Tag nach der Geburt sehen, da ich in einem Inkubator lag, weil ich zu früh zur Welt kam. Die Ärzte mussten mich mit einem Notkaiserschnitt holen, weil das Fruchtwasser in Mamas Bauch vergiftet war. Immer dann, wenn sie wehen bekam, bekam ich keine Luft. Mama war so nervös, dass ihre Hände zitterten sodass das sie mich nicht füttern konnte. Dann durfte Mama mich am 01.06.1996 mit nach Hause nehmen, als ich schon 2430g wog. Mama sagte mir, als Baby ziemlich süß aussah. Ich war so klein, dass man mich fast in einer Handfläche halten konnte. Mama war 17 als sie mit mir schwanger wurde, mit 18 hat sie mich zur Welt gebracht. Ich bin das erste von insgesamt vier Kindern. Die Ärzte sagten zu Mama, dass ich es im Leben etwas schwieriger haben werde dass man mit mir zum Beispiel Geduld bräuchte, wenn man mir etwas erklären würde. Als Baby habe ich gerne Gurken & Joghurt gegessen. Zudem habe ich gerne mit Taschentüchern gespielt. Ich saß unter dem Tisch & habe sie so klein gemacht, dass es am Ende um mich herum so aussah, als hätte es geschneit. Ich hatte auch einen kleinen Eimer mit Autos, mit denen ich gespielt habe. Daran kann ich mich auch ziemlich gut erinnern. Ich kann mich auch gut an meine Kindheit im Kindergarten erinnern. Ich war da in der Marienkäfergruppe. Es gab einem Raum, wo man schlafen konnte. Das habe Ich dort ziemlich gerne, mit den vielen Decken die es da gab, gemacht. Es gab auch einen Spielbereich, wo man sich oben draufsetzen konnte. Das habe ich mit Zügen aus Holz gespielt. Ich hatte meistens lockere Klamotten an, die ziemlich zu groß waren, aber jetzt rückblickend, mir schon gut standen. Also Mama hat mich in meiner Kindheit ziemlich gut gekleidet, auch wenn wir nie viel Geld hatten. Sie hat immer das Beste aus allem gemacht, um das bestmögliche aus allem herauszuholen. Mit sieben Jahren wurde ich eingeschult. Ein Jahr später als ich es eigentlich sollte, weil man Mama empfohlen hat, mich noch ein Jahr lang im Kindergarten zu lassen, da ich noch zu verspielt sei & noch nicht bereit für die erste Klasse wäre. Wir haben damals in einer Gegend gewohnt wo es viele Hochhäuser gab. Mama ging mit uns immer zum Spielplatz, der direkt neben unserer Wohnung war. Dort wo wir gespielt haben, war nicht die schönste Gegend Aber die Menschen, die um uns herum wohnten, haben es wieder weggemacht mit manchen waren wir befreundet. Wir sind dann damals in eine andere Gegend von Grevenbroich gezogen. Die Gegend war etwas schöner, aber eine Straße weiter gab es auch mehrere Häuserblöcke & Hochhäuser. In der Nähe war ein Kiosk mit einer Bäckerei drinnen, eine Pommesbude, ein ziemlich großer Spielplatz, ein großes Feld & nicht zu vergessen meine Lieblingsgarage mit dem Baum, der Schatten spendete. Ich spielte damals nach der Schule immer draußen mit mein besten Schulfreund, der nicht weit weg wohnte. Wir habe damals auch Dinge gemacht, haben die nicht in Ordnung waren, die man aber halt so macht, wenn man nur Unsinn im Kopf hat. Wenn ich damals nicht draußen spielte, spielte ich im Kinderzimmer mit Playmobil davon hatte ich eine Menge. Wenn ich dies nicht tat, spielte ich mit meinen Geschwistern an einem alten PC ein Jump & Run Spiel, bei welchem wir uns immer abgewechselt haben. Dieses Spiel hat Mama auch immer an ihren eigenen PC gespielt. In der neuen Wohnung war es letztendlich für uns alle zu klein. Die befand sich ganz oben im Dachgeschoss. Wenn man die Tür hereinkam, kam man in den Flur, wo sich direkt vorne das Schlafzimmer meiner Mama befand. Daneben war das Kinderzimmer von mir & meinem Bruder, das ich mir mit ihm teilte. Nebenan war die Toilette. Um die Ecke kam man ins Wohnzimmer, das etwas größer war. In der anderen Ecke befand sich die Küche, die ziemlich klein war. Daneben War noch das Kinderzimmer meiner zwei Schwestern, das sie sich teilten. Es war nicht mal wirklich ein Kinderzimmer, sondern eher eine Abstellkammer. Wenn man drin stand & beide Arme komplett ausstrecken wollte, hat es überhaupt nicht funktioniert. So kann man es sich vorstellen. Woran ich mich auch noch erinnern kann ist, dass wir damals eine Hündin hatten, die Naomi hieß. Da war ich grade zehn Jahre alt. Damals habe ich mich mit meinen Geschwistern gestritten wer mit ihr rausgehen darf & wie man es kennt, haben wir uns auch darüber gestritten, wer mit ihr nicht gehen muss. Manchmal habe ich Naomi mit auf meine Lieblingsgarage genommen & saß mit ihr einfach nur dort oben. Mama sagte mir jedes Mal, ich solle dies lassen, wie sie mir auch sagte, ich solle aufhören auf Bäume zu klettern. Aber genau das, was man ja nicht tun soll, macht man dann trotzdem. Am Wochenende ging ich oft zur Bäckerei Brötchen

holen, sodass wir zusammen frühstückten konnten.
Ich ging auch für Mama einkaufen, wenn sie eine
Kleinigkeit vergessen hat, obwohl sie vorher noch
einkaufen war. Meist waren es Milch, Eier oder
Butter. Der Einkaufsladen war 10-15 Minuten zu
Fuß entfernt. Meistens holte ich mir für den
Rückweg dann eine Tafel Nussschokolade & eine
Apfelschorle. Ich kann mich auf dem Rückweg noch
genau daran erinnern, dass es auf dem Rückweg
einen Weg gab, der total steil war. Wenn man nicht
aufgepasst hat konnte man sich ziemlich verletzen,
gerade dann, wenn es geregnet hat & es matschig
war.

An einem solchen Tag fing es wieder an wie beim
ersten Mal als ich zur Pommesbude ging & an
meiner Lieblingsgarage vorbei kam. Wieder hörte ich
diese weibliche Stimme, die sehr ruhig & sanft klang,
aber auch direkt. Wieder befahl sie mir die Garage
runterzuspringen, was ich wieder tat. Ich knickte mit
dem Fuß um, aber nichts Schlimmes passierte. Von
da an begleitete diese innere Stimme mich die ganze
Zeit. Es überforderte mich & machte mir auch
Angst. Ich stellte mir die ganze Zeit die Frage, wieso
ich sie höre, warum sie so präsent in meinem Kopf
ist, was ihr Zweck ist, was ich damit zu tun habe &
was sie mit mir vorhat. Ich stellte mir die Frage, ob
es die Stimme von der Frau ist, die damals immer in

meinen Träumen auftauchte & die mir alleine mit ihr Erscheinungsbild schon so Angst machte. Es war eine Frau vor einem Kinderbett mit einer Eule neben sich, die vor mir stand, ohne ein Wort zu sagen. Ich stellte mir nur die Frage: wieso, weshalb & warum? Mit der Zeit fing ich an mich mit ihr zu unterhalten, als wäre sie direkt neben mir. Ich fragte sie wie ihr Name sei. Sie sagte mir: „Ich heiße Veronika!" Ich war mit dieser Situation einfach überfordert & wusste damit nicht umzugehen. Nachdem ich ihr die Frage gestellt habe, fragte ich mich zugleich, ob ich mir das alles einbildete vielleicht habe ich zu wenig geschlafen? Ich habe immer schlecht geschlafen. Oder ob ich mir das alles nur in meinen Gedanken einbilde? Umso mehr ich nachdachte, dachte ich meine Gedanken spielen mir einen Streich! Ich kam Zuhause an, nachdem ich für Mama einkaufen war & dachte über die ganze Situation nach. Ich weiß bis heute nicht, warum ich mir dann zum ersten Mal einen Horrorfilm über den alten Laptop, den ich hatte anschaute. Der Film hieß „Freddy vs Jason" Ihre Stimme wurde immer präsenter in meinem Kopf. Sie machte mir, Angst aber zugleich vermittelte sie mir das Gefühl: ich bin nicht alleine ich habe jemanden zum Sprechen, mit dem ich meine Sorgen teilen kann. Schon komisch, aber auch praktisch, dachte ich mir. Dann fragte ich sie: Was machen wir jetzt? & Was hast du vor? „Sie sagte: All das was du möchtest!" Ich fragte sie: Bist du die Frau die immer in meinen Träumen erscheint? Sie sagte: Ich bin all das, was ich dir vor deinen Augen zeigen werde!" Ich fragte sie: „Bist du gut oder böse?" Darauf sagte sie nichts! Es war still in meinem Kopf. So still dass ich nicht mal meine eigenen Gedanken hörte. Es war so ruhig, dass es mir Angst machte. Es war der nächste Tag, ich ging zur Schule. Ich ging damals auf die Martin-Luther-King Schule in Frimmersdorf. Es war eine Förderschule. Ich ging zu dieser Schule bis zur achten Klasse, als ich zwischendurch auf eine Hauptschule & wieder auf eine Förderschule wechselte. Aber das ist eine Geschichte in meinem Leben, die nicht schön war! Ich war in der Schule ein Problemkind, wenn man das so sagen kann. Ich habe so viel Unsinn gebaut, dass ich sehr oft im Trainingsraum war! (Es ist ein Raum wo man über sein Verhalten nachdenken muss & sich selbst reflektieren soll!) Mama dementsprechend so oft in der Schule, dass ich das nicht mehr zählen konnte. Ich kann mich noch daran erinnern, dass ich als Strafe dem Hausmeister nach der Schule helfen musste für zwei Stunden. Ich musste Aufgaben übernehmen wie fegen, Mülleimer wechseln & Sachen reparieren so gut wie ich konnte. Es war gar nicht so schlimm, wie ich zuerst dachte, sondern letztendlich konnte ich viel daraus lernen, wie zum

Beispiel für seine Taten & Handlungen gerade zu stehen & das jedes Verhalten auch seine Konsequenzen mit sich ziehen kann! Zudem, dass es wichtig ist auch mal etwas durchzuziehen! Viele um mich herum fragten mich immer warum ich mich so verhalten würde. In ihren Worten war ich der Klassenclown". Was Sie natürlich nicht wussten war, dass es auf meine innere, weibliche Stimme zurückzuführen war. Ihre Stimmen hat mir in meinen Gedanken immer wieder gesagt, was ich tun soll oder auch nicht. Ich weiß noch, dass ich eines Tages wieder über die grüne Wiese in der Nähe meiner Lieblingsgarage ging. Da hörte ich zum ersten mal seine Stimme. Es war eine tiefe & raue Stimme. Ich fragte ihn, wie sein Name wäre. Er sagte: Ich habe kein Namen! Nenne mich einfach nur, Er. Ich fragte ihn, wo sie sei, wo Veronika sei. Ich hörte sie, sie sagte: ich bin hier. Ich fragte, warum sie nicht mehr alleine sei. Er antwortete & erklärte mir, dass ich ein Geheimagent sei! Wie bitte? Er antwortete: Genau deswegen solltest du die Dinge machen, die wir dir sagen, wie auf Garagen, Bäume & auf Dächer klettern. Das sind Mutproben. Ich glaubte das & sah, dass ich für jemanden wichtig bin. Dass ich eine Aufgabe hatte. Ein paar Tage später war ich mit meinem Bruder unterwegs. In der Zeit hatte ich oft Konfirmandenunterricht. Ich sagte zu meinen Bruder: „Lass uns auf die Kapelle der

Kirche hochklettern". Diese war nicht gerade niedrig, sie war ziemlich hoch. Ich war oben, & lag mich auf den Bauch & beobachtete einen Mann. Mein Bruder fragte mich: „Jason wann kommst du runter? Wann kommst du runter?" Ich sagte: „Warte gleich". Die zwei Stimmen in meinem Kopf sagten: Beobachtete den Mann gegenüber." Ich fragte: „wieso? Sie sagten: Tue es einfach!" Ich tat es, wieso auch immer. Die Männerstimme sagte mir: Spring runter! Wie bitte? Das ist total hoch! „Mein Bruder dachte ich spreche mit ihm. Die Männerstimme Sagte Ja spring! Ich tat es. Ich sprang Ich hatte das Gefühl, es wäre in Zeitlupe gewesen. Ich hatte eine Jogginghose an, die schwarzblau war mit Knöpfen an der Seite, die man aufmachen konnte. Während ich ins Gebüsch sprang, flog das Kleingeld aus der Hosentasche. Nachdem das passiert war, lachten mein Bruder & ich. Dann gingen wir von der Gegend weg. Wenn man meinen Bruder auf dieses Erlebnis anspricht, weiß er es bist heute noch! Ich hörte diese Stimmen bis ich 17 wurde. Dann verschwanden sie ganz leicht aus meinem Kopf. Aber ganz weg waren Sie nicht. Während ich zuvor meistens Stimmen hörte, sah ich nun Dinge vor meinen Augen, die gar nicht da waren.

Für dich. Damit du weißt, dass du nicht alleine bist. Ich begleite dich! Falls du gleiche oder ähnliche Erfahrungen gemacht hast, versuche dich nicht verrückt zu machen. Viel wichtiger ist: Fresse es nicht in dich rein. Bleibe damit nicht alleine, sondern vertraue dich jemanden an. Heute weiß ich, dass Paranoia oder Schizophrenie in mehreren Ebenen & Phasen gibt. Es heißt nicht sofort, das du gestört, kaputt oder ein Psycho bist, sondern dass deine wunderschöne Seele in dir drin jemanden zum Sprechen braucht, der dich versteht & die Seele die in dir wohnt versteht. Manchmal helfen Tabletten gegen die Stimmen in deinem Kopf. Mir haben Sie nicht geholfen. Ich habe verschiedene Medikamente ausprobiert. Es waren meistens 150mg. Sie haben mich eher runtergezogen als mir hochgeholfen.

Ich habe manchmal heute noch diese Stimmen in meinem Kopf. Sie sind nicht mehr so stark & präsent wie damals, aber sie sind noch da. Musik hilft mir dagegen & heute auch mein Kater, weil ich mit ihm anstatt mit den Stimmen spreche, wenn die mal erscheinen. So kann ich damit umgehen, ohne dass es mich überfordert.

Ruhe kommt erst von innen, die du dann nach außen strahlen kannst!

Die Erscheinungen vor meinen Augen

Ich lag im Bett in meinem Kinderzimmer, ich sah in
der Ecke an der Zimmertür einen Mann einen Mann
im schwarzen Anzug. Daneben eine Frau im weißen
Nachthemd. Ich habe mich so erschrocken, dass ich
schweißgebadet war. Das war das erste Mal, dass ich
diese Erfahrung gemacht habe. So fing es an. Ich
fragte die Stimmen in meinen Kopf, ob die es
gewesen wären. Sie bejahte es. Ich fragte: Also hatte
ich recht, das du die Frau aus meinem Traum bist,
die Frau neben dem Kinderbett & mit der Eule? Sie
bejahte es erneut. Ich fragte: „Wer ist der Mann
neben dir?" Sie antwortete: „Es ist Er!" Ich bekam
Klarheit, Klarheit mit einem Gefühl, das
beklemmend war. Ein Gefühl, das auch mit einem
Stück Angst verbunden war, aber als ich die
Stimmen nicht mehr so wie beim ersten Mal, gehört
habe. Irgendwie sind sie zu einem Teil von mir
geworden. Am nächsten Tag ging ich raus. Ich ging
auf die andere Straßenseite gegenüber von der
Wohnung, wo ich mit meiner Familie gewohnt habe.
Ich sah einen Dackel & streichelte ihn. Er war sehr
lang. So wie Dackel gewöhnlich aussehen. Aber
dieser Dackel sah ungewöhnlich lang, aus nicht
üblich für diese Hunde. Er hatte ein braunes Fell mit
etwas schwarz drin. Es kam mir ein Mann entgegen,

der mit seinem Hasen spazieren ging, was mir gar nicht mehr ungewöhnlich vorkam weil ich ihn schon öfters in der Gegend angetroffen habe. Er fragte mich, was ich so mache, mit wem ich sprechen würde & warum ich so tue, als würde ich ein Boden streicheln. Ich sagte: Ich streichele den Dackel. Ich glaube er ist von seinem Besitzer oder seiner Besitzerin abgehauen! Der Mann mit dem Hase fragte: Hast du was geraucht? Oder hast du zu wenig geschlafen? Nein mir geht's gut antworte ich. Auf einmal war der Dackel weg, ich war irritiert & ging weiter. Es vergingen ein paar Tage. Ich wollte die Treppe hochgehen in dem Haus, wo ich mit meiner Familie gewohnt habe. Ich sah ein Kind in einem Blaumann in Jeansform, dazu trug es Gummistiefel & saß auf einem Dreirad, das rot, blau & gelb war. Ich fragte: „Hey, was machst du hier alleine im Flur?" Das Kind antwortete nicht. Ich drehte mich um & schaute mich um, ob seine Eltern in der Nähe waren. Waren sie aber nicht, niemand war in der Nähe abgesehen von mir & dem Kind. Ich schaute wieder in seine Richtung, aber es war weg. Ich war schon wieder irritiert & stellte mir laut die Frag, wer das Kind wohl gewesen sei. Da kam die Stimme von ihr in meinen Kopf & antwortete: „Es war unser Kind!" Ich „Wie ist sein Name?" Fragte ich: Sie antwortete: „Benjamin". Ich fragte: „gehört der Dackel auch zu euch?" Sie sagte: ja, wir sind alle eine

Familie! Langsam machte alles für mich Sinn. Dann aber auch wieder nicht. Sie sagte mir: Mein Mann, den du neben mir gesehen hast, ist im Einsatz verstorben. Wollte wissen. Wieso kann ich nur euch hören oder sehen? Sie sagte: Weil ich durch dich mit meinem Mann kommunizieren kann. Wir wollten dir nie Angst machen! Ich war erleichtert & dankbar! Sie sagte mir wir, dass sie mich vor den Gesichtern beschützen würden, die ich noch sehen werde damit sie mir nichts anhaben können! Ich sah immer wieder öfter Gesichter, die Ähnlichkeiten mit Dämonen hatten oder verbrannt oder zerschnitten aussahen. Aber sie taten mir nichts. Ich fühlte mich sicher aber auch ängstlich. Ich sehe bis heute noch all diese Dinge aber nicht mehr so stark & präsent wie damals. Heute habe ich diese Erscheinungen nur flüchtig. Am schlimmsten dann, wenn ich unter Stress bin mir negativen Druck mache oder etwas nicht zu funktioniert, wie ich es geplant habe. In der Schule damals waren diese Stimmen in meinem Kopf oder die Erscheinungen immer am stärksten, sodass ich den Lehrer oder die Lehrerin gefragt habe, ob ich kurz raus könnte, um frische Luft zu schnappen! Das durfte ich auch immer. Dann bin ich zwei bis fünf Runden durch die Gänge gelaufen, um etwas runterzukommen. Ich war immer gut in der Schule. Allerdings war ich faul & wollte nicht lernen. Ich habe später von der Förderschule für ein

Schuljahr auf die Hauptschule gewechselt. Das war eine schlimme Zeit in meiner Jugend, weil ich dort sehr stark Mobbing erfahren & erleben musste. Aber dies ist eine andere Geschichte in meinen Leben. Die Stimmen, die Erscheinungen ließen immer wieder nach & kamen immer wieder hoch. Aber immer, wenn ich in meinem Leben eine neue Aufgabe hatte, oder das Gefühl hatte, war es meistens immer für eine lange zeit weg. Doch an einem Vormittag ging ich mit meiner Schwester raus & habe zu ihr gesagt: „Schau mal da der Dackel". Sie schaute mich an & war verwirrt, so verwirrt das sie nichts mehr sagte. Ein paar Tage später hab ich mit ihr darüber gesprochen. Wie wir auf das Thema kamen weiß ich nicht mehr, aber ich weiß noch ganz, genau dass sie mir von ihren Erscheinungen erzählte. Sie fragte mich, ob der Dackel ein braunes Fell hätte mit etwas schwarz drin. Ich schaute sie ängstlich an. Ich schaute aber auch erleichtert, weil ich zum ersten mal das Gefühl verspürte, jemanden vor mir zu haben, der mich versteht, mir bestätigt, dass ich nicht alleine damit bin, & mir die Last nimmt, dass ich doch nicht verrückt bin, so wie ich die ganze Zeit dachte. Sie erzählte mir von genau den Dingen die ich sah, bevor ich ihr erzählt habe, was ich sehe oder höre. Ich erzählte ihr meinen Erfahrungen. Sie hat auch genau dasselbe geträumt wie ich. Sie träumte auch von der Frau neben dem Kinderbett mit der

Eule. Ich fragte sie, ob sie auch Stimmen im Kopf hätte, die mit ihr sprechen. Sie verneinte. Sie hätte sie nur einmal gehört, als sie ihr sagten: „Es gibt schon einen Auserwählten". Von diesem Tag & nach diesem Gespräch haben meine Schwester & ich ein paar Jahre später darüber gesprochen nur noch einmal & dann nie wieder. Meine Schwester & ich haben uns nie wirklich verstanden, weil wir einfach zu verschiedene Charaktere, sind außer an diesem einen Tag. Von all diesen Erlebnissen ist das mit meiner Schwester, was mir am meisten im Gedächtnis geblieben ist.

Ich habe heute eine Methode für mich entwickelt die mir hilft, mit den Stimmen & den Erscheinungen umzugehen. Ich spreche mit mir selbst, mit meinen eigenen Gewissen, mit meiner eigenen Stimme. Selbstgespräche helfen mir, mir Mut, Kraft & Energie zuzusprechen, mir eigene Komplimente zumachen & mir auch mal selbst Stolz auszusprechen! Mich vor den Spiegel zu stellen & laut auszusprechen, wie wunderschön ich heute bin, dass ich alles erreichen kann, was ich möchte, egal wie viele Hürden ich raufklettern musste! Auch aus diesen Steinen kannst du etwas Wunderschönes bauen, wenn du es nur möchtest.

Die schönste Erscheinung ist immer wieder dein eigenes Spiegelbild, vergiss das nie!

Ich habe angefangen mich selbst gut zu behandeln. Ich habe angefangen, besser mit mir umzugehen, auch wenn es bis dahin ein langer Weg war & es immer noch sein wird!

Lass dich nicht runtermachen weil du anders bist, denn die Einzigartigkeit macht dich besonders. Vertraue dich jemanden an, bleib nicht mit deinen Gedanken, diesen Erlebnissn alleine. Mit jemandem zu sprechen, hat mir geholfen, dass das alles weniger wird. Es wird da draußen immer jemanden geben, der dich versteht, genauso wie du bist, vergiss das nie!

Die schlimmsten Fußwege
meiner Jugend

Als ich erfuhr, dass man mich ausgewählt hat, auf
eine Hauptschule zu kommen, war ich voller Freude
aber hatte auch etwas Angst. Immer wenn etwas
Neues in meinem Leben passierte begegnete ich ihm
mit Vorsicht & etwas Angst. Ich denke das liegt in
der Natur des Menschen etwas Angst vor dem
Unbekannten zu haben. Dann kam der Tag, an dem
ich auf die neue Schule kam ich war vorher in der
siebten Klasse auf der Förderschule & auf der
Hauptschule kam. Ich erstmal in die fünfte, Klasse
damit der schulische Einstieg etwas einfach für mich
ist, sagten die Lehrer mir damals. Dementsprechend
war ich auch zwei Jahre älter als meine
Klassenkameraden, was sich auch stark bemerkbar
machte, weil ich ganz andere Interessen hatte, als
meine Mitschüler. Ich habe mich vom ersten Tag an
unwohl gefühlt. Ich denke es lag auch daran, dass es
eine ganz andere Atmosphäre war, vom Schulklima
her & viele neue Schüler um mich herum. Ich dachte
mir, ich versuche den Neuanfang, denn wer nicht
wagt, der nicht gewinnt. Nach einige Zeit auf der
Schule bemerkte ich, dass ich nicht wirklich beliebt
war. Ich habe mich mit jedem Gang auf dem Weg
zur Schule unwohl gefühlt. Das Einzige, was mich
immer morgens freute das ich mit meinen Bruder
zusammen den Weg zur Schule gehen konnte, weil
seine Schule in der Nähe meiner Schule war.

An einem Tag morgens bevor ich mit meinem
Bruder aus der Haustür ging, hat er im Flur durch
das Schlüsselloch geschaut, was unsere Mama macht.
In der Zeit bin ich in ihr Schlafzimmer gegangen,
um zu schauen, ob sie Geld da hat, was ich ihr
klauen kann. Ich habe das Geld dann mit meinem
Bruder geteilt. Wir sind von dem Geld ins Kiosk
gegangen oder in die Bäckerei, um uns davon
Süßigkeiten zu holen. Ich habe das gemacht, weil ich
dachte dadurch die Anerkennung meinem
Mitschüler zu bekommen. Was letztendlich nicht so
war. Tage später ginge ich mit meiner Klasse zum
Bus, der uns zum Schwimmbad fuhr, weil wir einmal
in der Woche für zwei Schulstunden
Schwimmunterricht hatten. Der Schwimmunterricht
war zu Ende & bevor ich mich umgezogen habe,
ging ich zum Klo. Neben mir war einer meiner
Mitschüler, der mich irritiert mit großen Augen
ansah. Ich sah ihn an & fragte ihn was los wäre. Er
sagte nichts & ging. Ich ging mich nach dem
Toilettengang mich kurz abduschen wegen dem
Chlor im Wasser & ging dann in die Kabine. Es war
eine Sammelkabine, wo alle meine Mitschüler drin
waren. Der eine Mitschüler, der vorhin neben mir
auf der Toilette war, sagte machte eine laute
Bemerkung zu meinem Intim bereich, es war mir
unangenehm, aber ich reagierte gelassen & sagte nur
drauf dass es natürlich wäre, Schamhaare zu haben,
weil ich letztendlich auch zwei bis drei Jahre älter
wäre. Damit war dann auch Ruhe. Ein paar Tage
später nach dem Vorfall ging ich nach einem
Schultag nach Hause, Ich ging auf dem

Nachhauseweg in den Bahnhof rein Richtung Tunnel. Als ich fast wo ich draußen, war kam ein Schüler von dreien auf mich zugelaufen & boxte mich so, dass ich nachhinten fiel. Dann nahm er meinen Kopf, & klatschte ihn gegen die Wand. Dann hat er mich bespuckt & alle drei rannten weg. Ich lag da. Es waren Schüler aus meiner Schule. Sie waren paar Klassen über mir. Ich ging nach Hause & Mama fragte mich, was passiert wäre. Ich erzählte ihr, ich wäre gefallen! Am nächsten Tag ging ich wieder zur Schule & die Schüler, die mich den Tag vorher geschlagen hatten schubsten mich weg. Sie fragten, warum ich Mädchen meinen Intimbereich zeigen würde. Ich wusste mir nicht zu helfen & ohne wirklich drüber nachzudenken, ging ich ins Sekretariat wo ich um ein Gespräch mit dem Schuldirektor bat. Ich musste kurz warten dann wurde ich vom Schuldirektor reingebeten. Ich erzählte ihm den ganzen Vorfall. Er ging mit mir zusammen nach dem Gespräch in meine Klasse & sprach das Thema an. Die zwei Mädchen, die diese Behauptung in die Welt gesetzt haben standen auf & entschuldigten sich. Für sie hatte es sich damit erledigt für meine Seele nicht, weil dieser Vorfall Spuren hinterlassen hat. Am Ende kam noch raus, das mein Mitschüler, der neben dem Toilettengang im Schwimmbad neben mir stand rumerzählt hat, wie ich im Intimbereich aussehe. So kam ein Ereignis zum anderen.

Ein paar Tage später ging ich wieder zur Schule. Ich dachte bei jedem Schulweg über die Situationen nach, die mir passiert waren Aber ich dachte mir: Im Leben muss man(n) Opfer bringen. Das sagten auch das die Stimmen in meinem Kopf immer wieder zu mir. Auch wenn sie mir Angst machten, gaben sie mir das Gefühl, dass ich nicht alleine bin. Mitten im Unterricht fragte meine Lehrerin mich, ob ich im anderen Gebäude in einer Klasse etwas holen könnte. Die Schüler in der Klasse waren auch ein paar Schulstufen über mir. Ich klopfte an, & ging hinein keine Lehrerin da. Alle machten Unsinn & alberten herum. Eine Schülerin tanzte auf den Tischen. Sie hatte eine Jeans mit einem grün-gelben gestreiften Oberteil an, das bauchfrei war. Wie sie mich ansah, faszinierte mich & strahlte auf einmal Ruhe in mir aus. Ich wusste ganz genau, dass ich mich zum ersten mal richtig verliebt habe. Verliebt auf den ersten Blick. Ich ging zurück zur Klasse & die Pause fing dann auch schon an. Als das Mädchen, das ich zwar in der Klasse gesehen hatte, mich auf dem Schulhof ansprach fragte sie mich: „Wie geht's?" Ich bekam kein Wort raus! Sie sagte: „Komm mit ich stelle dir meine Freunde vor!" Sie sind mir vorher nicht aufgefallen. Sie waren auch eher für sich. Wie sie selbst sagten, waren sie Außenseiter! Sie beschützte mich & ich wurde Teil von ihren Freunden, sodass die anderen mich in Ruhe ließen. Aber das was mir alles da passiert ist, belastete meine Seele immer noch. Mama fragte mich, was los wäre. Sagte, dass ich mit ihr reden soll, da sie merke, dass mit mir etwas nicht stimme Das sagt ihr Mutterinstinkt! Mama war froh & erleichtert, als ich ihr alles erzählte. Ich erzählte ihr alles von Anfang bis Ende.

Ich kann mich noch daran erinnern, dass ich bei einer Therapeutin war, mit der ich über das, was alles geschehen ist, sprach ich habe auch über meine Familie & ganz speziell über meine Mama gesprochen. An einem Tag als ich einen Termin mit der Therapeutin hatte, sollte ich mich & meine Familie mit Tier figuren beschreiben & erklären, wieso ich genau diese ausgewählt habe. Ich habe auch mehrere Tests gemacht, in denen ich Mathe oder Deutsch Aufgaben lösen oder Bilder malen sollte. An einem Tag ging ich, zusammen mit Mama zu der Therapeutin. Wir saßen zu dritt in einem Raum. Die Therapeutin zu meiner Mama, dass ich das Schulische sehr gut drauf habe & es Sinn machen würde dass ich auf der Hauptschule bleibe Mama entgegnete: Nein! Ich möchte meinen Sohn von dieser Schule nehmen. Ich möchte, dass mein Kind auf die alte Schule zurückgeht. Ich möchte, dass mein Kind sich ohne Angst auf den Weg zur Schule macht!" Dann fing das nächste Schuljahr an & ich ging zurück auf die Förderschule. Ich ging da in die achte Klasse. Ich weiß noch wie das Gefühl war, es war befreiend aber auch befremdlich, weil viele neue Gesichter da waren, die ich nicht kannte. Aber ich ging gerne auf diese Schule, weil ich seit der ersten Klasse dort hinging.

In dem Schuljahr habe ich mein erstes Praktikum bei RWE in einer Metallwerkstatt gemacht. Es ging drei Wochen lang. In dieser Zeit habe ich für meinen Stiefvater eine Lokomotive aus Metall mit der Hand hergestellt, die er heute noch hat. An einem Tag in der Mittagspause wählte ich Pommes mit Currywurst. Es war Feierabend als ich den Anruf von Mama bekam: „Wir haben das Haus bekommen, wir ziehen um!"

Wenn du Erfahrungen mit Mobbing gemacht hast, fresse es nicht in dich rein! Vertraue dich jemanden an, ob deinen Eltern, einer deiner Freunde oder Freundinnen oder einfach bei jemandem der dir nahesteht. Bei dem du das Gefühl hast, du kannst dieser Person vertrauen. Es wird jemanden geben, der für dich da ist, der dir zuhört & der dich begleitet, auch wenn du vielleicht denkst, es wäre nicht so. Du bist wunderschön wie du bist, mit allem was dich ausmacht & was du ausstrahlst, also lass dir nie etwas anderes einreden!

Das Böse kann nur gewinnen, wenn das Gute wegschaut!

Wenn du siehst oder miterlebst, wie jemand anderes Mobbing erfahren muss, schaue nicht weg! Helfe & setze dich für andere ein, ohne drüber groß nachzudenken, denn gemeinsam ist man stärker als alleine. Kein Mensch auf dieser Welt hat das Gefühl verdient, damit alleine zu sein. Es kann so viel bewirken, jemanden in so einer Situation neben sich stehen zu haben!

Fördern anstatt fordern.
An die Hand nehmen,
An jemanden glauben,
damit Mut & Selbstwert gestärkt werden.
Gemeinsam anstatt einsam durch Dick & Dünn gehen.

Der Umzug in ein neues Leben!

Beim Praktikum rief Mama mich an & sagte mir voller Freude, dass wir das Haus bekommen haben. Mama hat ein paar Jahre nach einer neuen Wohnung gesucht, weil die Wohnung, in der wir gewohnt haben, zu klein für uns alle war. Das Haus war für Mama preislich im Rahmen. Ich beendete das Schuljahr auf der Förderschule & in den Sommerferien sind wir umgezogen. Das neue Haus war riesig. So groß, dass wir alle ein eigenes Zimmer bekamen. Wir sind von Grevenbroich nach Wegberg gezogen. Ich wollte weiter auf meine âlten Schule gehen, doch es war leider nicht möglich. Mit den öffentlichen Verkehrsmittelen hätte es über zwei Stunden gedauert, bis zur Schule zu kommen. Ich musste dementsprechend die Schule wechseln Ich kam mit meiner kleinen Schwester zusammen auf eine Schule in Erkelenz, wieder auf eine Förderschule. Ich ging in die neunte Klasse. Ich war total unsicher & ängstlich. Die neue Gegend neue Schule & viele neue Gesichter. Zudem auch die Angst, dass ich wieder Mobbing erfahren muss. In der ersten Woche in der neuen Schule & in der neuen Klasse sagte mir der Klassenlehrer mir, dass ich mir einen dreiwöchigen Praktikumsplatz suchen müsste. Alle hatten schon einen Platz. Ich fühlte mich vor den Kopf gestoßen & allein gelassen! Ich dachte mir nur, ich bin neu auf der Schule & in der Klasse, warum kann man mir nicht helfen schnell einen Platz zu suchen? Vielleicht hätte ich auch einfach fragen sollen.

Ich war Zu Hause & erzählte Mama davon. Ich fragte sie. „Wie soll ich jetzt so schnell ein Platz für ein Praktikum finden?" Sie antwortete: frag mal morgen nebenan bei unserer Bäckerei, die nimmt dich bestimmt. Das dachte ich mir auch, weil der Besitzer war auch unser neuer Vermieter. Der Duft, der durch die Nase ging, von frischgebackenen Brötchen machte mich immer glücklich. Die drei Wochen Praktikum waren um & die Schule fing wieder an. Als ich eines Tages auf dem Schulhof alleine stand, kam eine Gruppe Jungs auf mich zu. Einer gab mir seine Hand & fragte mich, wie mein Name sei. Ich sagte: „Jason aber meine Freunde auf der alten Schule nannten mich Jay." Er antwortete: du bist jetzt einer von uns Jay!" Mit ihm habe ich mich auch privat angefreundet. Wir haben uns oft nach der Schule uns getroffen & haben gezockt. Einige Zeit verging auf der Schule. Ich kam mit vielen aus der Schule zurecht & natürlich gab es immer wieder welche, die einen nicht in Ruhe ließen. Ich hatte in meiner Jugend viele Pickel im Gesicht. So viele, dass ich damit zu kämpfen hatte. Ich versuchte alles, damit sie weniger werden. Verschiedene Cremes & Peeling produkte. Einmal habe ich mich vergriffen & habe Antischuppenshampoo gegriffen. Das hat mein ganzes Gesicht gerötet, sodass die erste Hautschicht abging. Damit musste ich am nächsten Tag zur Schule & einer hat mich verbal damit beleidigt, dass ich dumm wäre. & Diese Anmerkung hat mich in die Situation an der Hauptschule zurückversetzt, sodass ich ausgerastet bin. In der Zeit hatte ich so viel Energie in mir, dass ich nicht wusste wohin damit. Ich bin wegen jeder Kleinigkeit ausgeflippt. Ich habe gegen Wände geboxt, meistens so stark, dass meine Fingerknöchel blutig wurden. Auch so stark, dass die Wände in meinem neuen Zimmer Löcher hatten. Ich habe in meiner Jugend Zeitungen ausgetragen, war viel draußen & habe viel an der Konsole gespielt oder Filme geschaut. Mit 17 habe ich meine erste Freundin über Facebook kennengelernt. Wir haben viel geschrieben & haben uns auch viel getroffen. Mit ihr hatte ich auch mein erstes Mal. Wir waren fast zwei Jahre in einer Beziehung. Sie gab mir sehr viel Halt, auch wenn unsere Beziehung am Ende nicht gehalten hat. Ich hatte Zuhause viele Probleme & Schwierigkeiten. Mama & ich haben uns oft gestritten, sodass ich mit 17 ausgezogen bin. Erstmal zu einer damaligen Freundin, die noch mit ihren Eltern zusammen gewohnt hat, weshalb ich mir schnell eine eigene Wohnung gesucht habe. Mit 18 unterschrieb ich meinen ersten Mietvertrag. Ich habe in der Zeit eine Berufsmaßnahme gemacht, aus der ich einen Monat vor Ende rausgeflogen bin. In dieser Zeit habe ich mich wie in einem Loch gefühlt. Die Stimmen in meinem Kopf wurden wieder stärker, so auch die Erscheinungen vor meinen Augen. Ich hatte mit Mama fast zwei Jahre keinen Kontakt, was mir am meisten fehlte. Ich habe fast jede Nacht geweint, weil in meinem Kopf so viel Chaos war.

Ich wusste nicht, wie ich es sortieren soll, auch weil mein Leben so durcheinander war. Ich kam eines Tages nach Hause wo mich meine Freundin mit einer Überdosis Tabletten & Alkohol im Blut auf dem Boden fand. Aber dies ist eine andere Geschichte aus meinem Leben. Die Beziehung endete kurze Zeit später. Ich habe meine erste Wohnung gekündigt & zog für eine kurze Zeit wieder bei Mama ein. Von da aus zog ich in eine WG. Am Ende landete ich obdachlos auf der Straße was auch eine andere Geschichte aus meinem Leben ist.

Hinweis! Über Die Zeit meiner Obdachlosigkeit Werde ich noch drauf eingehen.
„Die kalten Monate auf der Straße".

Manchmal kann ein Schritt in eine neue Richtung
Wunderbares bewirken oder aber auch Steine voller
Zweifel & Angst in deinen weg legen. Lass dich bitte
nicht von diesen Steinen daran hindern, etwas
schönes Neues aufzubauen. Diese Steine sind die
Erfahrungen, die du in deinem Rucksack hast &
diese ganzen Steine sind dafür da, dass du auf der
Grundlage aller deiner Erfahrung neues schaffen
kannst. Also vergiss nie, was du schon geschafft hast
& was du noch schaffen wirst!

Du bist der Schöpfer deiner Tage, deiner
Wochen, deiner Monaten & auch deiner Jahre.
Also entscheide dich jeden Tag aufs Neue, für
dich Glück & Freude zu erschaffen!

Zufriedenheit fängt in deinem Herzen an, Freude
beginnt, wenn du anfängst, mit einem Lächeln das
Leben zu genießen. Bleibe immer ehrlich zu dir
selbst, bleibe authentisch & lass dich von deinem
Weg nicht abbringen, auch wenn es andere nicht für
richtig halten. Es zählt nur das, was du für richtig
hältst. auch wenn sich am Ende rausstellen sollte,
dass es nicht die richtige Entscheidung war, denke
immer daran, dass du so Erfahrungen sammelst die
dich reifer & stärke werden lassen! Denk immer
daran, du hast nie was verloren, sondern immer
wieder was dazu gewonnen!

Die zwei Suizidversuche
in meinem Leben

Es war eine warme Sommernacht im August 2014,
in der ich abends alleine unterwegs war. Ich hatte
eine falsche Wodka, eine Flasche Jägermeister &
mehre Dosen gemischtes Bier getrunken. Es war
wieder einer dieser Abende an denen ich mich alleine
fühlte. Ich habe mich als Versager, Loser & als
Dreck gesehen. Ich hatte keinen Abschluss, keine
Ausbildung & die Prüfung zum Hauptschulabschluss
habe ich auch nicht geschafft. Nebenbei hatte ich
auch noch eine Strafanzeige wegen
Urkundenfälschung & Betrug am Hals. Ich wurde
dafür auch mit 125 Sozialstunden bestraft, die ich in
einer Jugendeinrichtung abgearbeitet habe. Aber das
Schlimmste von allem war, dass ich zu Mama keinen
Kontakt hatte. Ich kam mitten in der Nacht nach
Hause & kippte um. Am nächsten Morgen wachte
ich im Krankenhaus auf.

Was zwischen der Zeit als ich nach Hause kam &
dem nächsten Morgen passiert ist, weiß ich nicht.
Ich kann mich nicht daran erinnern & kann nur
erzählen, was man mir erzählt hat.

Man erzählte mir, das mich meine Freundin auf dem
Boden gefunden hatte, sodass sie den
Krankenwagen rief, der mich ins Krankenhaus
bracht. In dem Krankenhausbericht, den bei der
Entlassung vom Arzt bekam stand, dass ich nur

knapp dem Tod entkommen bin. Mir wurde der Magen ausgepumpt & neben verschiedenen Medikamenten hatte ich einen Wert von 3,1 Promille in meinem Blut. Bevor ich bewusstlos wurde, weiß ich, dass ich mit dem wissen das ich mir das Leben nehmen möchte, Medikamente zu mir genommen. Ich sah in allem keinen Sinn mehr. Ich habe mich einfach alleine & nicht verstanden gefühlt & als ob mich niemand braucht. Ausgelöst wurde dies von den ganzen kleinen Dinge, die bis dahin passiert sind. Sie haben sich wie Regentropfen angesammelt, bis das Fass übergelaufen ist. Ich bestand aus Selbsthass, Selbstzweifeln & hatte kein Selbstwertgefühl.

Im Oktober 2018 war mein zweiter Suizidversuch. Zu diesem Zeitpunkt habe ich schon fast ein Jahr lang wieder bei Mama gewohnt. 2017 habe ich ein FSJ in einer Einrichtung für Menschen mit körperlicher Behinderung gemacht das ein Jahr dauern sollte. Das habe ich aufgrund eines Burnouts das ich Ende 2017 hatte, jedoch nicht geschafft Ich habe damals 10 Tabletten genommen, die ich, dann aber wieder versuchte auszubrechen aus Angst, weil ich durch meine Erfahrung wusste, wie dreckig es mir beim ersten Versuch ging. Dann habe ich eine große rote Tonne genommen, sie mit Wasser befüllt & wollte mich ertränken. Das hat allerdings nicht funktioniert, weil ich immer wieder meinen Kopf rausgezogen habe. Dann habe ich mir einen Gürtel genommen & wollte mich im Nebenzimmer aufhängen, was nicht funktioniert hat, weil der

Gürtel immer wieder von der Stange gerutscht ist. Ich habe als letztes dann einen Einwegrasierer genommen, die Klinge rausgemacht & wollte mir damit die Pulsadern aufschneiden. Ich habe schon angesetzt, aber hatte Angst, vor dem was passieren würde, Angst vor dem Schmerz & Angst, weil ich meine Freundin auf diese Art & Weise verloren habe. Sie hat sich im November 2017 das Leben genommen, indem sie ihre Pulsadern aufgeschnitten hat. Es war eins meiner schlimmsten Erlebnisse, das ich erfahren & durchmachen musste.

Ich war bei Mama & sie war bei ihren Eltern. Wir haben nicht jeden Tag geschrieben, was üblich war, weil wir zusammen gewohnt haben, außer es war wichtig, dann rief sie mich an oder ich sie. Ich bekam einen Anruf von der Schwester, die mir sagte, dass ich bitte vorbeikommen soll & das so schnell wie möglich. Ich kam die Tür rein, zog meine Mütze aus & setze mich hin. Die Eltern meiner Freundin saßen vor mir, ihre Schwester saß schräg neben mir. Ich fragte, wann meine Freundin käme Ihr Vater antwortete: „Sie ist nicht mehr da." Ich Fragte, wann sie denn kommen würd. Er antwortete wieder: „Sie ist nicht mehr da & wird auch nicht mehr wiederkommen." Ich lachte & fragte "Also kommt sie heute nicht mehr?" Er fing an zu weinen. Erst dann habe ich es verstanden. Ich weinte. In diesem Moment ist alles, was für mich gerade existierte zusammengebrochen. Ich habe es nicht verstanden, ich habe es nicht realisiert. Ich fragte mich nur wieso & warum. Mein Anker, mein Halt war von der einen auf die andere Sekunde weg. Ich habe es einfach nicht verstanden. Wieso ich? Gefragt womit habe ich das verdient?

Vor dem zweiten Suizidversuch wurde ich in einer Tagesklinik behandelt. Das habe ich nur einen Monat durchgehalten, weil ich einfach nicht mit den Geschichten der andern Patienten klarkam. Mich hat das mehr runtergezogen, als es mich aufgebaut hat. Ich habe dadurch aber gelernt, mich mit meinen inneren Dämonen, Stimmen & Ängsten allein auseinanderzusetzen. Ich habe gelernt zu reflektieren, was mit mir passiert. Was mit mir geschieht, wenn ich einem tiefen Loch bin, Hilfe anzunehmen & zu verstehen, das ich damit nicht alleine bin & dass ich nicht alleine dadurch muss.

Hinter einer Hülle steckt immer eine wunderschöne Seele voller Narben, die man nicht sofort sehen kann.

Wenn du Erfahrungen mit Suizidgedanken gemacht hast oder das Gefühl hast, dass du diesem Drang nachgehen musst, bleibe nicht mit deinen Gefühlen, Emotionen oder Gedanken alleine. Vertraue dich jemanden an, suche dir jemanden zum sprechen.

Mir hat es damals in solchen Situationen auch geholfen ein Gummiband nahm es um mein Handgelenk zu legen & es flutschen zu lassen dadurch wurden meine Gedanken ruhiger. Anschließend hilft eine kalte Dusche, um meinen Kopf komplett frei zu bekommen oder spazieren zu gehen. Am besten war dies zu zweit. Wenn das nicht funktionierte, habe ich mit jemanden telefoniert, das kann auch schon sehr helfen & viel bewirken.

Denke immer daran, du bist nicht alleine. Du bist die beste Version von dir selbst, du bist einzigartig & wunderschön so wie du bist mit allen deinen Facetten. Es gibt immer jemanden in dieser Welt, der dich so liebt wie du bist & dich vermisst wenn du mal nicht bei ihm oder ihr bist!

Nimm Dir, was Dir gut tut & zusteht!

Meine erste Panikattacke!

Mit neunzehn ging ich das erste Mal mit Freunden feiern. Aus einmal wurde jedes Wochenende & immer dann, wenn die Diskothek offen hatte wie an Feiertagen. Ich mochte es gesehen zu werden & mich auch zu präsentieren, ich mochte die Aufmerksamkeit. Zu der Zeit habe ich auch die ersten Gedanken in Texten oder Zitaten formuliert & auf Facebook geteilt. Geteilt habe ich auch Bilder von mir, die ich zuvor mit meinem besten Freund an verlassen Orten gemacht habe. Ich habe viel Zuspruch aber natürlich Ablehnung erfahren. Diese Aufmerksamkeit in Form von Kommentare Likes mach mich süchtig. Dann kam irgendwann der Punkt, dass wenn das Bild, das ich von mir geteilt habe, innerhalb einer Stunde keine zweihundert Likes hatte, ich es wieder gelöscht habe. Ich habe mein Selbstwertgefühl, mein Selbstbewusstsein & mein Selbstbild von dieser Aufmerksamkeit abhängig gemacht. Ich habe mich auch immer selbst unter Druck gesetzt. Ich dachte ich muss es jedem recht machen. Ich dachte ich muss immer sofort zur Stelle sein, wenn was ist. Ich hatte eine Unruhe & Aggression in mir, die nicht im Gleichgewicht war, sodass ich jederzeit hätte explodieren können.

Meine erste Panikattacke hatte ich beim Einkaufen. Der Laden wurde immer voller & voller. Ich habe angefangen zu zittern, meine Hände fingen an zu schwitzen, mein Herz raste, mein Atem wurde schlechter & mir wurde total schwindlig. Es hielt fast zehn Minuten an, bis ich wieder herunterkam & mich kontrollieren konnte. Ich wusste gar nicht was mit mir geschehen & passiert ist.

Ich ging Tage später auf die Kirmes & habe schnell gemerkt, dass ich mich unwohl fühle & alleine sein möchte. Ich ging dann auch & habe in solchen Situationen immer wieder gemerkt, dass ich alleine sein möchte. Es lag auch daran, dass meine Stimmen im Kopf wieder stärker wurden & die Erscheinungen wieder öfter auftraten. Ich habe mich in meiner Haut & in meinen Gedanken öfter unwohl gefühlt. Ich habe mich viel zurückgezogen & war viel mit den Hunden draußen. Ich ging immer zu zwei meiner Lieblingsorte & verbrachte eine Weile dort. Ich habe die Ruhe genossen, das allein sein genossen. Mein bester Freund schrieb mir wieso ich nicht mehr rauskomme & fragte mich warum ich mich nicht mehr blicken lasse. Ich habe geantwortet & gesagt Ach in letzter zeit habe ich viel zutun. Ich habe viel um die Ohren & etwas Stress. Das kennst du ja. „Er sagte: Man merkt, dass du nur noch zu Hause ist weil du nur Fotos von dir teilst, auf denen du Zu Hause bist, was vorher gar nicht der Fall war. Ich erzählte ihm, was bei mir wirklich abging & zu meinem Erstaunen verstand er mich & die Situation in der ich mich befand. Er sagte nur, dass ich melden soll wenn was ist & dass er immer für mich da ist. Ich solle mich sofort melden, wenn ich etwas brauche. Ich entgegnete: „Ich bin auch für dich da, wenn es wirklich drauf ankommt, aber das weißt du, vergiss das nicht." Ich ging zum Arzt & erzählte ihm von meinen Panikattacken, die immer wieder aus dem nichts bekam. Er verschrieb mir starke Beruhigungstabletten ohne wirklich auf das einzugehen, was ich ihm erzählt habe. Er sagte, Sie würden mir helfen, das Gegenteil war der Fall. Nachdem ich die erste Tablette genommen habe, lag ich fast eine Woche flach. Ich konnte mich kaum aus dem Bett bewegen, mir war schwindlig & ich konnte mich auf gar nichts konzentrieren. Ich konnte nicht mal wirklich am Handy sein. Nachdem es mir besser ging, ging ich zu einem anderen Arzt, um mir eine zweite Meinung eieinzuholen Er sagte mir dann die Tabletten, die mir der andere Arzt verschrieben hatte, nicht gut seien weil die Dosierung zu stark sei & es nicht die richtigen Tabletten für mich wären. Ich nahm sie dann auch nie wieder, weil sie mich mehr runtergezogen als mir geholfen haben.

Mit Panikattacken hatte ich sieben Jahre lang zu kämpfen. Die Symptome kamen schleichend. Ich dachte es läge daran, dass ich viel Stress habe oder mir selbst Stress mache, bis ich merkte, das ist viel mehr als, normaler Stress. Ich habe gelernt mit meinen Panikattacken umzugehen. Natürlich sind sie nicht ganz weg, das merke ich dann, wenn ich in Situationen bin, wo ich mich unwohl fühle. Dann fange ich an zu zittern oder meine Hände fangen an zu schwitzen. Ich weiß dann ganz genau, dass ich kurz vor einer Panikattacke stehe & was ich tun muss, um damit umzugehen!

Ich habe gelernt bei einer Panikattacke Atemübungen anzuwenden, tief einatmen & ausatmen. Dabei klopfe ich mir leicht mitten auf die Brust. Eine Panikattacke wird „durch die Angst in deinem Kopf ausgelöst". Diese Angst existiert nicht wirklich, was du in der Situation natürlich nicht realisierst.

Über die Augen in die Seele zu blicken, um Bescheid zu wissen, was los ist, denn die Augen sind stets maskenlos.

Wenn du mal wieder eine Panikattacke mal durchleben musst, empfehle ich dir an Ort & Stelle zu bleiben, direkt zu versuchen deine Gedanken umzulenken & an etwas zu denken, was dir Freude macht oder was dir gut tut. Kontrolliere deinen Atem, denn so fängst du an deine Gedanken sowie deinen Körper zu kontrollieren. Balle deine Hände zu Fäusten. Nachdem du wieder ruhiger geworden bist, trinke Wasser mit Kohlensäure & nehme einen Kaugummi. So hast du das Gefühl beschäftigt zu sein, was deinen Gedanken hilft.

Zuhören, zwischen den Sätzen hören, an den Augen ablesen, die Mimik, & Gestik lesen & erst dann versteht man die Seele!

Mein Burnout, das einschlug

Im September 2017 habe ich ein FSJ in einer Behindertenwerkstatt begonnen. Ich habe das Soziale Jahr begonnen, um ein Jahr zu überbrücken & im nächsten Jahr meine Ausbildung anzufangen. Ich habe in der Zeit viele liebe Menschen kennengelernt, die das Herz am richtigen Fleck haben. Es war eine der schönsten Erfahrungen in meinem Leben. Nach ein paar Wochen in der Werkstatt bin ich zu einem Seminar in die Eifel gefahren. Insgesamt fanden in dem ganzen Jahr sechs Stück in dem ganzen Jahr am verschiedenen Standorten statt. Ich habe viele Menschen kennengelernt, die aus den verschiedensten Gründen & Motivationen ein Freiwilliges Soziales Jahr absolviert haben. Ich war nur auf zwei Seminare von den insgesamt sechs Stück & von den zwölf Monaten FSJ habe ich nur sechs Monate absolviert.

Ich ging an dem Tag ganz normal aus dem Haus & fuhr mit dem Bus zur Werkstatt,. Ich hatte immer feste Zeiten & Wochenenden hatte, ich immer frei. Ich merkte schon, dass irgendetwas mit mir nicht stimmte. Ich war müde, körperlich ausgelaugt, psychisch nicht ganz dabei & emotional erschöpft. Ich fühlte mich leer & ich war bei jeder Kleinigkeit überfordert. Ich wusste einfach nicht, wo mir der Kopf steht!

Dann auf einmal brach ich zusammen. Mir wurde schwarz vor Augen. Ich kam erst ein paar Minuten später wieder zu Bewusstsein & fing an zu weinen. Die Gruppenleiterin der Werkstatt sprach mich an & fragte mich, ob ich mit ihr reden möchte. Ich sagte: Nein alles in Ordnung". Ein paar Tage später ging ich wie gewohnt zur Werkstatt, wo die Gruppenleiterin mich um ein Gespräch gebeten hat. In der Mittagspause ging ich mit ihr ins Büro, wo der andere Gruppenleiter & mein Ansprechpartner vom FSJ schon warteten. Sie kamen auch direkt zum Punkt & sagten, dass ich meine Arbeit immer gut, vernünftig, ordentlich & mit Respekt mache aber, dass sie gemerkt haben, dass ich Sachen mit mir rumtrage, um die ich mich erstmal kümmern soll. Ich solle mich erstmal um mich kümmern. Ich fing an zu weinen & brach total in Tränen zusammen. Ich ließ komplett meine Maske fallen & erzählte ihnen, was in mir vorging. Ich wusste nicht, warum ich das tat, aber ich wusste, dass ich ihnen vertrauen konnte. Sie sagten mir, dass ich mir keine Sorgen machen müsste, mein Ansprechpartner vom FSJ sagte mir, dass mein Soziales Jahr anerkannt wird, weil ich es zumindest sechs Monate lang gemacht habe & zwei Seminare besucht habe & somit die Voraussetzung erfüllt habe. Dann sagte mir die Gruppenleiterin, dass sie sich alle vorher zusammen gesetzt haben & entschieden haben, mich nicht einfach zu kündigen, sondern dass sie sich mit mir ein vorheriges Beenden beider Seiten einigen wollen, damit ich Geld vom Jobcenter bekomme.

Dafür bin ich den Menschen in diesem Raum heute noch dankbar. Auch als alles zu Ende war, war der Gruppenleiter immer noch für mich da. Die anderen FSJler schickten mir per Post ein T-Shirt mit all unseren Namen drauf, einen Stift mit meinem Namen & eine Motivationskarte, dass sie mich nicht vergessen haben!

Ich ging ein paar Tage später zum Jobcenter, wo ich direkt an einer Maßnahme teilnahm, um mich auf die Ausbildung vorzubereiten, die für mich nächstes Jahr anfangen sollte. Ich hätte mich eigentlich ausruhen sollen, mich erstmal um mich kümmern sollen & wirklich tiefgründig meine Probleme behandeln sollen, aber das tat ich nicht. Ich wollte es nicht weil ich die Erwartung in mir hatte, anderen etwas zu beweisen. Ich wollte auch nicht als Versager dastehen & zeigen dass ich etwas durchziehen kann. Dann fing meine Ausbildung an. Ich spürte wieder den innerlichen Druck der auf meinen Körper & auf meine Psyche ging. Anstatt über meine Sorgen & Probleme zu sprechen, entschied ich einfach ohne Bescheid zu sagen, zu verschwinden.

Ich flog mit einem Freund in die Türkei. Ich wollte einfach raus, einfach weg, einfach einen Tapetenwechsel. Ich war lange nicht mehr weit weg in einem anderen Land gewesen. Das letzte mal war 2015. Aus ein paar Tagen wurde ein paar Wochen.

Ich kam wieder nach Deutschland & ging an dem Tag zur Berufsschule, wo meine Mitschüler mich fragten, wo ich so lange gewesen sei. Ich sagte nichts. Am nächsten Tag ging ich zu meiner Ausbildungsstelle, wo mein Ausbilder mir sagte, dass die Chefin mit mir sprechen möchte. Ich ging zu ihr ins Büro, wo sie mir sagte, dass ich fristlos gekündigt werde, weil ich noch in der Probezeit sei. Mehr als akzeptieren, konnte ich das nicht! Mir fiel aber ein Stein vom Herzen, als mein Ausbilder noch mit mir sprach & mir sagte, dass er zwar wisse dass ich im Urlaub war, die Kündigung aber nichts damit zu tun habe, dass ich meine Arbeit schlecht mache. Ganz im Gegenteil. Er sagte mir, dass er mit der Chefin gesprochen habe, weil er mich behalten wollte. Sie sagte, aber, dass ich mich erstmal um meine Probleme kümmern müsse, die Ausbildung aber nächstes Jahr liebend gerne von neu anfangen dürfe.

Ich fing an wirklich zu verstehen, dass ich wieder zu mir selbst finden muss, dass ich meine tiefgründigen Probleme an der Wurzel bekämpfen muss, dass ich mir Zeit für mich nehmen muss & dass ich auch mal von allem eine Pause machen darf, wenn mein Körper, meine Psyche & meine Seele es brauchen!

Wenn du merkst, dass du körperlich, seelisch & gedanklich erschöpft bist, nehme dir Zeit für dich, egal was gerade um dich herum geschieht, auch wenn es nur für eine Stunde am Tag ist! Wenn du merkst, dass du kurz vor einem Zusammenbruch stehst, suche dir fachlichen Rat oder vertraue dich jemandem an. Du kannst nur dann funktionieren, wenn dein Körper Energie hat, nicht indem dir diese entzogen wird. Schäme dich nicht dafür, mal eine Auszeit zu von allem nehmen, auch wenn es nur für ein kurzen Augenblick ist. Bitte ignoriere die Warnsignale deines Körper, deine Symptome nicht & schiebe sie nicht nur auf etwas Stress!

Die eigene Veränderung geschieht durch Selbstreflexion & durch Wachstum.

Es ist auch nicht wichtig, was du hast oder was du besitzt, sondern es geht darum, wer du bist & was du vorhast, aus dir zu machen! Ich persönlich habe auch keinen Abschluss, keine Ausbildung, aber bin ich dadurch weniger wert? Nein! Denn letztendlich weiß man nie, was der Mensch vor einem in seinem Rucksack sein Leben lang mit sich getragen hat. Ich hatte immer Angst, dass ich verurteilt werde weil ich nichts nachweisen & vorweisen kann! Aber da lag ich die ganze Zeit falsch. Ich kann Erfahrung durch das Leben vorweisen.

Neid ist nur ein umgekehrtes Wort für Sehnsucht!

Mein Drogenkonsum

Das erste Mal als ich überhaupt eine Droge konsumiert habe, war mit fünfzehn. Ich war mit Freunden unterwegs als damals eine Freundin zu mir meinte, ob ich Lust hätte mit ihr & ihren Freunden einen zu rauchen. Ich war natürlich neugierig & stimmte zu. Probieren geht über Studieren, dachte ich mir. Ich war zu nervös, um am Joint zuziehen weil meine Hände total zitterten. Die Freundin kam mir nah & küsste mich, sodass ich den Rauch, den sie im Mund hatte, mit einatmen konnte. Das war meine allererste Erfahrung mit Drogen.

Mit 19 fing es dann richtig an. Beim feiern kam ich mit Ecstasy in Berührung. Als ich das erste Mal eine Ecstasy nahm wirkte es ziemlich schnell. Ich trank dabei natürlich dabei auch reichlich Alkohol. Ich fing an zu zittern, ich schwitzte & mein Herz pochte so, dass ich das Gefühl hatte, es springt mir aus der Brust. Ich tanzte die ganze Nacht durch bis die Diskothek zumachte. Ich war gegen zehn Uhr morgens Zuhause. Ich zog meine Schuhe aus, die ich mir einen Tag zuvor gekauft habe. Meine Schuhe waren kaputt & meine Füße haben geblutet anscheinend, weil ich die ganze Nacht getanzt habe. Ecstasy war die Droge, die ich meistens genommen habe. Beim Feiern eigentlich jedes Mal.

Ich habe noch sämtliche andere Drogen ausprobiert. Vor ein paar Drogen hatte ich natürlich auch riesen Respekt, weshalb ich sie nie ausprobiert habe. Da habe ich schon meine Grenzen gezogen, auch wenn ich manche schon überschritten habe.

Der Drogenkonsum hat seine Spuren hinterlassen durch den täglichen Konsum vom Gras habe ich das Gefühl für Raum & Zeit verloren. Ich ging an einem Nachmittag mit meinem Bruder zu Freunden, wo wir mehrere Joints geraucht haben. Auf dem Weg nach Hause lag ich plötzlich unter einem Baum, weil ich das Gefühl verloren habe, wo ich mich befinde. Das kam einfach von meinem täglichen Konsum & daran, dass es nicht die einzige Substanz war, die ich zu mir genommen habe. Durch den häufigen Konsum von Gras & Ecstasy habe ich eine Schlafstörung entwickelt, meine Konzentration war nicht mehr ganz da & ich wurde viel vergesslicher durch einem Konsum dieser Art können paranoide Episoden hervorgerufen werden, die bei mir erstärkt wurden, da sie sowieso schon waren.

Ich habe einen Entzug gemacht, den ich leider das erste Mal nicht durchgezogen habe, weil ich wieder rückfällig wurde. Ich habe dann von allein einen zweiten Entzug versucht, den ich auch geschafft habe. Ich bin seit 2018 frei von Drogen, Alkohol & Medikamenten.

Ich habe auch kein Verlangen mehr danach & egal bei welchem Anlass, ich nehme nichts mehr zu mir. Ich habe gelernt damit umzugehen, ohne darauf zurückzugreifen, indem ich zu mir selbst gefunden habe, indem ich mich auf eine Reise zu mir selbst begeben habe!

Ich möchte vor Drogen warnen, am allermeisten vor chemischen Drogen. Zum Thema Gras: Ich persönlich hatte schlechte Erfahrungen damit gemacht, aber natürlich gibt es viele Menschen oder Patienten, denen es hilft, was ich auch nicht kritisieren möchte, ganz im Gegenteil!

Drogen bringen Langzeitschäden jeglicher Art mit sich, worüber man sich bewusst sein sollte, darüber denkt man im Jugendalter oft nicht drüber nach. Also bitte, gehe nicht mit dem gleichen Gedanken wie ich damals dran: Probieren geht über studieren, sondern fange lieber mit Sport an. Gehe zum Training, finde dort deinen Ausgleich zu Körper, Seele, Geist & Bewusstsein.

Unter Einfluss von Drogen findest du dich nicht selbst, sondern viel mehr verlierst du ein Stück von dir, also finde zu dir immer wieder in der Realität, indem du sie erlebst!

Lass dich auch nicht zum Konsum überreden, weil du es jemandem recht machen möchtest oder ihn oder sie nicht enttäuschen möchtest, so habe ich auch immer gedacht. Das ist nicht falsch, sondern falsch ist es, wenn die Person dir gegenüber kein n Nein verstehen möchte & es nicht respektiert & akzeptiert! Verstelle dich nicht, um andere zu gefallen.

Wie du dich selbst siehst, das ist wichtig, nicht wie andere dich sehen!

Die kalten Monate auf der Straße

Es war im Februar, es war kalt so kalt, dass meine Hände, Füße & Nase schon eingefroren waren. Das lag vielleicht auch daran, dass ich die ganze Nacht draußen verbraucht hatte. In meinem Rucksack hatte ich nur vier Boxershorts, fünf Paar Socken, zwei T-Shirts, einen leichen Pulli & eine Jogginghose, eine Trinkflasche. So wie meine Zahnbürste. Mehr hatte ich nicht. Nur noch die Sachen, die ich an meinem Leib getragen habe. Ich war bei der Diakonie gemeldet. Es war meine Postanschrift. Das kann man machen, um weiterhin Bezüge vom Amt zu bekommen. Man ist verpflichtet sich zweimal in der Woche bei der Diakonie zu melden, indem man persönlich dort erscheint. Hätte ich es nicht getan, hätte ich keine Bezüge vom Amt bekommen. Mir war trotz dessen ich obdachlos war mein Erscheinungsbild wichtig. Ich ging alle zwei bis drei Tage ins Schwimmbad, um zu duschen, was 1,50€ gekostet hat. Ansonsten habe ich mich morgens in öffentliche Toiletten frisch gemacht. Es gab auch eine obdachlosen Unterkunft, wo man abends um sieben Uhr rein konnte & um sieben Uhr morgens musste man wieder raus. In der Zwischenzeit durfte man nicht mehr raus. Die meisten, wie ich wollten das nicht. Zudem waren die meisten Betten direkt belegt, da die Schlange an der Unterkunft immer sehr lang war.

Im Jugendzentrum, wo ich auch meine Sozialstunden gemacht habe gab es täglich eine warme Mahlzeit & tagsüber konnte man sich ab & zu Brötchen dort abholen & das kostenlos. Es war wie eine Art Auffangstation, für mich zumindest! Kinder kamen dahin, um ihre Hausaufgaben zu machen, Jugendliche kamen, um zu spielen, & Menschen wie ich kamen dahin um nicht tagsüber in der Kälte zu sitzen. Es gab zwei Sozialarbeiter beziehungsweise Betreuer, die von der Stadt angestellt waren & die anderen haben da ehrenamtlich dort gearbeitet. Ich ging täglich dahin, immer wenn es offen hatte. Ich habe viele Menschen in dieser Zeit kennengelernt, Menschen mit denen ich Schicksale geteilt habe. Ich durfte eine Welt sehen, die ich vorher nur oberflächlich betrachtet habe, die ich nicht wirklich gesehen habe, weil ich sie nicht wahrgenommen habe. Ich bin meinem besten Freund ziemlich dankbar dass ich auch mehrere bei ihm unterkommen durfte & noch dem ein oder andern, bei dem ich ab & zu übernachten durfte.

Aber es gab auch Tage, Nächte & Momente, wo dies ganz anders aussah. Ich habe viele Nächte auf Parkbänken im Bahnhof oder im Einkaufszentrum verbracht, wo ich auch öfter von der Security rausgeworfen worden bin.

Schließlich kam ich bei meiner Schwester unter, die mit ihrer Freundin zusammen gewohnt hat. Meine Schwester hat mir ein freies Zimmer angeboten, wofür ich auch selbstverständlich Miete gezahlt habe. Ich war einfach glücklich darüber, ein Dach über dem Kopf zu haben, ohne mir Sorgen machen zu müssen, wo ich die nächste Nacht schlafen würde. Aber meine Schwester & ich hatten Konflikte, wodurch das Zusammenleben am Ende nicht harmonisch ablief, sodass ich wieder ausgezogen bin. Nachdem Mama erfuhr, dass ich obdachlos bin, nahm sie mich wieder auf. Ganze dreimal bin ich wieder bei Mama eingezogen. Mama fragte mich, wieso ich nicht gesagt habe, dass ich auf der Straße bin. Ich sagte zu Mama: „Weil ich mich geschämt habe, weil ich gesagt habe, ich schaffe das & ich wusste nicht, dass es dann doch so ausgeht." Heute weiß ich, dass man manchmal ein paar Umwege gehen muss, um zu verstehen, wo wirklich das Ziel für einen ist.

Ich musste in den letzten Jahren erfahren, dass Hinfallen nichts anderes ist, als Erfahrungen zu sammeln & nicht Scheitern!

Urteile nicht über einen Menschen, den du auf der Straße begegnest oder den du auf der Straße sitzen siehst. Setzte dich neben diesen Menschen & biete ihm ein offenes Ohr an. Oft ist es das, was diesen Menschen fehlt, wie so es mir gefehlt hat, einfach jemanden zu haben der sich neben mich setzt & mir zuhört. Du weißt nie, was dieser Mensch für Schicksalsschläge hinter sich hat & was diesem Menschen bewegt, weil jeder Mensch seine Pakete des Lebens mit sich rumzutragen hat.

Ich beschwere mich nicht darüber, was ich nicht habe, sondern ich bin dankbar dafür, was ich habe, weil ich weiß, wie es ist, nichts zu haben, viel zu haben & das zu haben, was man jetzt hat.

Ich bin heute dankbar für diese Erfahrung, weil sie mir gezeigt hat, die kleinsten Dinge dieser Welt zu wertschätzen, die nicht materiell zu wiegen sind. Meine Ansprüche im Leben sind nicht viele. Mir ist immer nur wichtig, dass ich meine Rechnungen zahlen kann, dass ich ein vollen Kühlschrank habe & dass ich ein warmes Dach über dem Kopf habe. Ich lege keinen Wert auf materiellen Konsum, sondern viel mehr darauf, an Erfahrung & Wissen dazulernen!

Depressionen oder doch nur eine Phase?

Die Depressionen traten bei mir phasenweise auf. Mal war ich viel unterwegs dann war ich viel für mich alleine zu Hause. Mal hielten die Phasen lange an, mal kürzer. Diese Phasen waren eine Achterbahn der Gefühle & Emotionen, die auf & ab gingen. Es geht mir in der einen Sekunde gut & bin ich fröhlich & in der anderen Sekunde sitze ich da & fange an zu weinen.

Ich fing an meine Interessen zu verlieren, ich war körperlich, seelisch & geistig erschöpft. Ich war antriebslos, ich hatte keine Motivation mehr für irgendwas & ich ging hoffnungslos durch das Leben. Ich schlief immer bis siebzehn Uhr & ging immer erst um fünf Uhr morgens schlafen. Meine Lebensweise war ungesund & nicht ausgewogen. Ich war unzufrieden mit mir selbst. Ich sah keinen Ausweg, weil ich auch keinen fand. Meine Stimmen & Erscheinungen wurden wieder stärker & präsenter & meine eigene innerliche Stimme sprach auch jedes Mal mit mir. Sie sagte mir, dass ich nichts sei dass ich nichts könne & dass aus mir wird nie was werden würde. Es lief in meinem Kopf tagtäglich wie eine Dauerschleife. Ich wusste nichts mit mir & meiner Zeit anzufangen. Ich hatte extrem starke Suizidgedanken, so stark, dass ich mir mehrere Szenarien im Kopf durchspielte. Wie es wohl wäre wenn ich mir jetzt mein Leben nehmen würde?

Aber ich tat es aus Angst nicht, weil ich die Erfahrungen schon zweimal hinter mir hatte. Aber meine Gedanken sagten mir, hätte ich jetzt eine Waffe, dann würde ich sie mir an den Kopf am der Seite setzen & abdrücken. Man müsste einfach den Finger bewegen ohne drüber nachzudenken. Diese Gedanken haben sich tief & fest in meinem Kopf verankert. Wie es wohl wäre, wirklich tot zu sein? Ich hatte keine Angst mehr vor dem Tod, sondern viel mehr stellte ich mir die Frage, wie es wohl auf der anderen Seite wäre. Letztendlich ist unser Körper nur eine Hülle.

Ich kompensierte meine negativen Gedanken & Emotionen, indem ich mir Sachen bestellte. Am Anfang war es noch übersichtlich, es wurde aber schnell so viel, dass ich den Überblick verloren habe. Dann wurde es so schlimm, dass ich mir das alles nicht mehr leisten konnte. Mir waren diese kurzen Momente der Freude, die Glücksmomente & die Glückshormone, die dabei ausgestoßen wurden, viel wichtiger, als die Verantwortung & die Konsequenzen, die folgen würden. Ich konnte auch die Raten nicht bezahlen & schlussendlich konnte ich nicht mehr über meinen Namen bestellen, weil ich überall gesperrt wurde. Ich fing dann an über den Namen meiner Mama zu bestellen, bis auch das nicht mehr ging. Die Konsequenz daraus war, dass ich ein vierstelligen Betrag an Schulden hatte & eine negative Schufa. Meine Mama war mir natürlich böse, was selbstverständlich ist. Aber sie hat mir trotzdem geholfen & stand mir zur Seite. Ich fühlte mich in jeglicher Art verloren. Ich stellte mir wieder die Frage, wie es wohl wäre, wenn ich mein Leben jetzt beenden würde. Wenn ich jetzt aufhören würde zu atmen. Würde mich überhaupt jemand vermissen? Letztendlich braucht mich ja sowieso niemand. Die Antwort auf meine Frage gab meine Stimme mir. „Jason, du brauchst dich selbst!" ich weiß bis heute, nicht wieso mir das durch den Kopf geschossen ist. Aber eins weiß ich, Mama sagte mir schon seit meiner Kindheit: „Alles passiert aus einem Grund & was sein soll, soll so sein & wenn nicht, dann würde das wohl schon seine Gründe haben!" Als ich damals meine Nahtodeserfahrung hatte, war es als ob mir einer mit einer großen Spritze allumfassende Liebe, Wärme & Geborgenheit direkt, ins Herz injizierte & mir sagte, ich brauche dich, geh' bitte nicht. Ich glaube diese Erinnerung, die mir durch den Kopf schoss war ein Abhalten von der Klippe zu springen! Am nächsten Tag hatte ich einen Termin beim Jobcenter. Ich kam die Tür rein & meine Ansprechpartnerin war eine Sozialarbeiterin von meiner Schule damals. An diesem Tag veränderte sich mein Leben & da wusste ich warum meine Stimme mir die Antwort auf meine Frage beantwortete.

Um zu verstehen, was eine Depression wirklich ist, erkläre ich es anhand eines Beispiels. Ein Arm der gebrochen ist, heilt meistens nach sechs bis acht Wochen. Aber eine Depression ist verankert durch die Vergangenheit, Gegenwart & Zukunft & kann viele verschiedene Auslöser haben. Eine Depression kann jeden Menschen treffen, egal wie alt man ist oder woher man kommt. Eine Depression ist eine seelische schwere Krankheit, die nicht wie ein Knochenbruch innerhalb von sechs oder acht Wochen heilt, sondern die viel, viel länger braucht.

Du darfst sagen, dass du geschwächt bist, es heißt aber nicht, dass du schwach bist oder eine schwache Persönlichkeit hast.

Ich habe verstanden, dass eine Depression tief in der Seele liegt & dass diese Heilung Zeit in Anspruch nimmt. Es ist kein Sprint sondern ein Marathon ein Marathon, wieder zu sich selbst zu finden. Ich verstand auch, dass ich mich dafür bei niemandem entschuldigen muss, nicht für meine Gedanken, Emotionen oder wie ich mich fühle. Wenn ich eine Auszeit brauche, darf ich mir sie auch nehmen, ohne mich schlecht zu fühlen.

Lass dem Menschen seine Zeit, seinen Freiraum, seine Gedanken & Emotionen. Wenn ein Mensch jemanden zum Sprechen braucht, wird er zu dir kommen & mit dir sprechen, aber manchmal braucht man auch nur eine Schulter zum Anlehnen & eine warme Umarmung, ohne dass man ein Wort miteinander verliert. Manchmal sagen keine Worte mehr, als Worte es jemals könnten. Setze dich nicht unter Druck, so wirst du schnell rückfällig. Gehe Stufe für Stufe hoch & wenn du wieder eine Stufe zurück musst, um später wieder drei auf einmal zu gehen, ist das auch in Ordnung! Sehe dich nicht in einer Opferrolle, sondern sehe dich als Überlebende deiner eigenen Geschichte. Vergiss nie, wie stark du bist.

> **Denk' immer daran: Schwäche zeigen,
> heißt Stärke beweisen.**

Zwischen Haben & Brauchen liegen Welten
Das fing ich an zu begreifen, nachdem ich so viel bestellt habe, was ich letztendlich nicht brauchte. Stell dir immer die Frage: wofür brauchst du das? Brauchst du es wirklich? Ich fing an zu begreifen, dass materieller Konsum mich am Ende nicht glücklich macht. Bestellsucht ist mittlerweile eine anerkannte Krankheit. Aus Scham schweigt man als Betroffener darüber, das kenne ich selbst. Aber für den Anfang, für den ersten Schritt, gibt es Selbsthilfegruppen, die anonym sind. Dann würde ich mich einer Person anvertrauen, die dir nahesteht, & gemeinsam das Problem angehen mithilfe eines Schuldenberaters & einem eigenen Finanzplan oder Haushaltplan.

Das betreten in ein neues Leben

Ich ging abends orientierungslos durch die Gegend, ohne ein Ziel, wo ich wirklich hin wollte. Auf einmal sah ich das in der Ferne ein orangenes Leuchten. Ich ging dahin & ging rein. Es war ein Fitnessstudio & ich sprach den Fitnesstrainer, der vor Ort da war, an. Er zeigte mir das ganze Studio nach dem Rundgang sagte er mir, dass ich morgen vorbeikommen, wenn ich möchte & ein Probetraining machen kann. Ich sagte daraufhin: „Nein, wenn ich jetzt gehe, komme ich nie wieder, ich unterschreibe direkt den Vertrag!" Alleine, weil ich dafür bezahle, werde ich kommen, dachte ich mir. Als meine Freundin noch am Leben war, wollten wir uns mal zusammen im Fitnessstudio anmelden. Ich glaube heute fest daran dass sie mir im Unterbewusstsein den Weg gezeigt hat. Als ich angefangen habe, mich selbst zu verlieren habe ich durch den Sport wieder zu mir selbst gefunden. Es gibt mir eine Aufgabe & ein ewiges Ziel im Leben wodurch ich eine tägliche Struktur habe. Sport ist für mich heute viel mehr, als nur einen schönen & ästhetischer Körper zu haben. Fitness ist für mich im Einklang mit meinem Leben zu sein, mit meinem Körper, meiner Seele & meinen Geist. Durch den Sport fand ich wieder zu mir selbst. Es war eine Reise auf der ich anfing mich selbst besser kennenzulernen & mich wiederzufinden.

Als ich mit dem Sport anfing, hatte ich immer noch
mit meinen Stimmen, Erscheinungen,
Suizidgedanken & Depressionen zu kämpfen. Im
Dezember 2017 habe ich mich im Fitnessstudio
angemeldet. Einen Monat davor starb meine
Freundin. Ein paar Wochen später hatte ich beim
FSJ den Zusammenbruch. Ein paar Wochen später
begann meine Ausbildung, wo ich dann psychisch
komplett zusammenbrach. Ich wurde arbeitslos,
wurde bestellsüchtig konnte meine Rechnungen
nicht mehr bezahlen & habe mich einfach nicht
mehr um meine Probleme gekümmert, weil ich mich
in den Sport vertiefte, um alles mich herum zu
vergessen. Ich wollte allein sein & trauern. War das
aber eine ewige Lösung? Nein! Ich fing nach
Monaten an meine Probleme in Angriff zu nehmen.
Ich hatte kein Sparkassenkonto mehr, sodass ich alle
meine Rechnungen immer bar bezahlen musste.
Dann kam der Termin beim Jobcenter der
wortwörtlich mein Leben verändert hat!

Ich ging zum Jobcenter & musste erstmal warten, bis
ich dran kam. Ich wurde ich aufgerufen, ging die Tür
rein & ich traute meinen Augen nicht, als ich meine
Ansprechpartnerin sah. Es war die damalige
Sozialarbeiterin meiner Schule & sie kannte mich seit
ich fünfzehn war. Ich fragte sie, was sie hier machte.
Sie sagte mir, dass sie Rehamaßnahmen macht.
Sie fragte mich, wie es mir die letzten Jahre ergangen
ist & ich erzählte es ihr, ich erzählte ihr alles. Sie
nahm sich Zeit für mich & hörte mir wirklich zu. Sie
bot mir ihre Hilfe & sagte mir, dass sie eine Dame

kennt, die mich im Leben unterstützen würde, & dass ich dass alles nicht alleine bewältigen muss. Sie sagte mir, dass es eine gesetzliche Betreuerin ist. Ich dachte mir: wieso nicht? Schlimmer kann es eh nicht werden & zu verlieren habe ich auch nicht wirklich!" Sie klärte alles für mich, sodass ich keine Woche später einen Termin mit meiner Betreuerin hatte. Wir haben uns in einer Bäckerei verabredet, wo ich hinging & wartet. Es vergingen zwanzig Minuten, doch sie kam nicht. Ich wundert mich, bis sie mich auf meinen Handy anrief & fragte wo ich bleiben würde. Ich sagte, dass ich schon da sei. Sie sagte, dass sie die andere Bäckerei meinte, die ein paar Meter weiter ist. Ich ging hin & sagte nachdem wir uns begrüßt hatten: „Da sehen sie direkt, wie ich neben der Spur bin!" Sie lachte nur. Nach dem Gespräch stimmte ich einer Zusammenarbeit zu. Von dem Zeitpunkt an ging alles schnell. Wir mussten auf einen Termin beim Gericht warten, damit sie mir als Betreuerin zugesprochen werden konnte. Nachdem das geschehen war, beantragten wir mir einen neuen Ausweis, weil mein alter Ausweis schon eine lange Zeit abgelaufen war. Danach gingen wir Dokumente beantragen, die ich brauchte, um mir bei der Bank ein Konto zu eröffnen. Danach schaute ich mir eine Wohnung wofür ich auch ein paar Tage später die feste Zusage bekam. Es war eine kleine Einzimmerwohnung die nicht mal fünf Minuten von der Stadt entfernt war von der ich mit öffentlichen Verkehrsmitteln überall schnell hinkommen konnte, wenn ich es wollte. Ich bekam auch einen Betreuer vom Betreuten Wohnen, was mich erstmal skeptisch machte. Auch mit ihm traf ich mich in einer Bäckerei. Das kann ja was werden!", dachte ich. Aber es entwickelte sich zwischen uns schnell eine Sympathie & Empathie, die noch bis heute anhält.

Dann kam der Tag, an dem ich das vierte Mal bei Mama auszog, um komplett alleine ohne Freundin in meine neue Wohnung zu ziehen. Ich baute mir nach & nach, Schritt für Schritt eine neue Existenz auf & festigte mich in meinem Leben, indem es eine Struktur gab. Später holte ich meinen Kater zu mir, den ich seitdem er ein Baby war habe. Er war solange noch bei meiner Mama. Es ist einfach ein schönes Gefühl, nicht alleine zu sein. Einfach zu wissen, dass jemand anwesend ist. Mein Kater hilft mir extrem, was meine Psychische angeht. In jeglicher Hinsicht können Tiere der Seele eines Menschen einfach gut tun & einem extrem Halt geben.

Ich bin heute glücklich & dankbar dafür, dass ich über meinen Schatten gesprungen bin & Hilfe angenommen habe.

Ein Baum kann auch nicht an einem Tag zum Wald werden

Um das zu erreichen, was sich in deinen Gedanken verankert hat, musst du die Gedanken erstmal frei bekommen, einen starken Willen sowie Charakterstärke haben. Es geht nicht darum, ob andere Menschen an dich glauben, sondern ganz alleine darum, dass du an dich selbst glaubst! Mit eigener Motivation, Disziplin & Durchhaltevermögen kannst du alles erreichen, wenn du es nur möchtest!

& was soll ich sagen, ich finde es toll zu motivieren, jemanden an die Hand zu nehmen, Kraft zu geben, das Lagerfeuer zu sein, damit er am Ende mit einem Lächeln sagt: „Wow, ich habe es tatsächlich geschafft!"

Es ist nicht schwach sich einzugestehen dass man Hilfe braucht, sondern ganz im Gegenteil. Es zeugt davon, sich selbst reflektieren, zu können indem man sich eingesteht in bestimmen Situationen des Lebens Hilfe zu brauchen. Jeder Mensch braucht mal in einer lebenslange Hilfe & Unterstützung.

Liebe deine Mitmenschen so, wie du dich selbst lieben würdest!

Wenn du mal ein Schicksal erlebt hast, nehme dir
Zeit zum Trauern, nehme dir Zeit für dich selbst,
um dich wieder zu finden & vergiss nie, dass du
nicht alleine bist. Dass es jemanden gibt, der dich so
liebt, wie du bist mit all deinen Facetten.

Urteile nicht über Menschen aufgrund ihres
Erscheinungsbilds. Du weißt nie, was für tiefe
Wunden dieser Mensch auf seiner Seele trägt, die
mit dem bloßen Auge nicht sichtbar sind. Menschen
sind facettenreich & viele Menschen haben aus
Angst eine Mauer um ihr Herz & ihrer Seele gebaut,
um sie & sich zu schützen. Also nehme dir wirklich
Zeit, einen Menschen kennenzulernen, um zu
verstehen, wieso er so ist was für eine Geschichte er
oder sie im Rucksack mit sich trägt & erst dann
urteile. Trotz allem respektiere den Menschen &
auch seine Lebensweise, denn auch wenn du diesen
Menschen nicht magst & keine Sympathie für ihn
hast, ist Respekt auf Augenhöhe wertschätzend einer
Person gegenüber.

*Oberflächliche Menschen lästern gerne über
tiefsinnige Menschen. Das Wichtigste:
Oberflächlich darüber hinwegsehen.*

Die Reise zu mir selbst!

Als ich das erste Mal reiste, reiste ich alleine in verschiedene Länder, wo ich mal länger oder auch mal etwas kürzer blieb. Auf dieser Reise lernte ich viel über mich selbst. Ich war in Spanien, Italien, Kroatien, Türkei & auch Montenegro, wo das Wasser himmelblau war & das Wellenrauschen so beruhigend, wie eine sanfte Melodie in meinen Ohren. das waren Orte die mich faszinierten, aber nicht so, wie mich Thailand fasziniert hat, wo ich insgesamt fast zwei Monate blieb. Genau dort fand ich den Weg zu mir selbst & fing an meine spirituelle Stimme & Seite besser kennenzulernen & zu verstehen.

Ich weiß noch ganz genau, wie fasziniert ich mit sechs Jahren vom Meer war. Der Klang der Wellen, & das Wasser, die mir innerlich Ruhe gaben. Damals im Kindergarten machten wir für einen Ausflug nach Holland. Für ein paar Tage. Ich erinnere mich dass ich mit einer dicken Jacke & mit der Hose hochgekrempelt bis zu den Knien am Meer lang lief, sodass ich Wasser an meinen Füßen spürte.

Damals mit dreizehn fuhr ich mit meinen Eltern nach Holland um dort auf einem Campingplatz Urlaub zu machen. Mein Stiefvater hatte dort nur ein paar Meter vom mehr ein Wohnmobil stehen. Auf dem weg zum Campingplatz hörten wir alle im Auto Schlager, weil Mama diese Musik mochte.

Ich ging immer mit meinen Geschwistern im Meer schwimmen. Mitten im Meer war eine Insel aus Holz befestigt, wo es eine Rutsche & ein Sprungbrett gab. Wir gingen auch zum Spielplatz, wo wir auf Trampolinen hüpften. Ich spielte mit meinem Bruder auch oft Playmobil. Meine Eltern schliefen mit meiner kleinen Schwester immer im Wohnwagen. Ich & meine anderen zwei Geschwister haben uns abgewechselt, einer schlief drinnen & zwei andere draußen im Schlafsack im Vorzelt. In den Sommerferien waren wir immer sechs Wochen am Stück dort. Wenn ich zurückkam, war ich meistens der einzige, der Braun in die Klasse zurück kam, weil die Sonne dauerhaft auf meinen Körper schien.

In Thailand blieb ich zwei Monate & lebte nicht in einem Hotel oder in einer Herberge, sondern per Zufall führte der Weg mich in ein Kloster zu Mönchen. In meinen kleinen Zimmer gab es nur ein Bett aus Eisen mit einer Matratze einen kleinen Schrank, um meine Sachen zu verstauen & ein kleines Waschbecken. Mir wurde gesagt, dass ich dort leben möchte, zwei Dinge erfüllen muss. Das erste war bei den Behörden ein dreimonatigen Visum beantragen. Um ein Zimmer zu bekommen, musste ich tägliche Arbeiten übernehmen wie Fegen, Früchte pflücken oder die Tiere mit Futter & Wasser versorgen. Die Mönche hielten Hunde, Katzen, Hühner & ein paar Elefanten. Sein Zimmer sollte man täglich sauber hinterlassen. Ich lernte viel über mich & auch andere Menschen.

Ich lernte, dass man geben kann ohne zu nehmen. Menschen mit Respekt & auf Augenhöhe begegnen kann, auch wenn man nicht von ihnen profitieren kann. Ich fing an keine oberflächlichen Beziehungen mehr zu führen, weil ich der Meinung bin, wenn man einmal tiefgründige Leidenschaft & Intimität erfahren hat, sollte man sich nie wieder mit weniger zufrieden geben. Davon abgesehen finde ich, dass es beim Sex nicht nur um den Körper geht, sondern auch um die Seele. Es geht darum, sich gemeinsam fallen lassen zu können, es zu genießen & es ohne Vorgaben, ohne Druck fließen zu lassen. Der Orgasmus sollte nicht das Ziel sein es geht darum eine Erinnerung zu erschaffen mit Berührungen auf der Haut, die mit küsse ummantelt sind. Ich stellte mir selbst die Frage, was ich in Zukunft für ein Mann sein möchte für mich & meine Frau, der ich irgendwann in der Zukunft begegnen werde. Ich fing nicht nur an meinen Körper zu trainieren, sondern auch meine Seele & meinen Geist, weil ich der festen Überzeugung bin, dass alles im Einklang funktionieren muss. Nachdem ich schon mehre Monate Fitness machte im Fitnessstudio. Fing ich auch mit Meditation & Yoga an. Ich setze mich im Schneidersitz auf den Boden & schloss meine Augen. Ich atme tief ein & langsam aus. Heute hilft mein Kater mir dabei, indem er sich dabei auf mein Schoß legt. Wenn er liegen bleibt, zeigt es mir dass ich eine innere Ruhe ausstrahle. Ich mache meinen Kopf frei, indem ich mich nur auf das fokussiere, was ich mir in meinen Gedanken manifestiert habe. Meistens stelle ich mir vor, ich wäre am Meer, weil

ich das Rauschen der Wellen liebe & es mich total
beruhigt.

Nachdem ich nach dem Thailandaufenthalt wieder
zu Hause war, wollte ich erfahrenen, wo die
Grenzen meines Körpers liegen. Ich war schon
immer jemand, der Schmerzen ausgehalten hat, aber
ich wollte wissen, wie weit ich meine Grenzen
überschreiten kann. Vielleicht war das auch die
Sucht, sich selbst zu verletzen & der Wunsch meine
innere Aggressionen zu kontrollieren. Ich denke eine
Mischung aus beidem. Ich habe es in Phasen
eingeteilt. Die erste Phase war, dass ich anfing mich
täglich zweimal auf höchster Stufe eiskalt
abzuduschen. Nach einer Zeit gewöhnte sich mein
Körper daran, sodass ich mit Eisbaden anfing, was
auch extrem gut für die Durchblutung ist, & das
Immunsystem stärkt. Nachdem ich das tat, fing ich
mit Phase zwei an, indem ich Kerzen anmachte &
den Wachs über meine Hand schüttete. Wenn ich
diese Schmerzen überwunden hatte, hielt ich meine
Hand über das Feuer & nach einer Zeit ins Feuer.
Als ich das tat, wollte ich wieder einen Schritt
weitergehen. Ich traf mich ein paar Wochen später
mit Freunden zum Lagerfeuer & zum Grillen. Nach
ein paar Stunden warf ich in die Runde, wie es wäre
mal über heiße Kohle zu laufen. Einer meiner
Freunde war von der Idee begeistert, was wir dann
auch mehrmals taten. Nachdem ich auch dies
überwunden hatte, fing ich an Heftzwecken auf dem
Tisch zu legen & meine Hand darauf zu fixieren,
nach & nach immer fester, bis ich anfing mich auf

ein Nagelbett, das ich mir selbst gebaut habe, zu setzen. Ich fing so an meinen Körper zu kontrollieren & fing an zu verstehen, dass Schmerz nur im Kopf stattfindet. Genau deswegen gehe ich bei jedem Training an meine körperlichen Grenzen aber gebe dem Körper auch mal Ruhe, wenn er es mir signalisiert, denn auch Erholung ist das A & O! Seinen Körper zu kontrollieren & zu beherrschen beginnt im Kopf, Schmerz ist eine Illusion, die man anfangen kann zu kontrollieren, indem man seinen Geist für eine Zeitlang freilassen kann. Auf der Reise, wo ich zu mir selbst fand, indem ich mich anfing besser kennenzulernen & nahm ich mir Die Zeit die ich brauchte.

Ich fing an zu manifestieren, indem ich mir eine Pinnwand kaufte, wo ich meine eigenen fünf Gebote drauf schreib, meine Prinzipien & was mich ausmacht draufgeschrieben um mir das zu verinnerlichen, wenn ich mal an mir zweifeln sollte. Ich heftete auch Bilder aus meiner Kindheit daran & Ausschnitte, wo ich bei Schreibwettbewerben gewonnen habe. Einige Zeit später hängte das erste Cover meines Buches, um mir tief zu manifestieren & zu verinnerlichen, wo am Ende mein Ziel ist. Ich glaube fest an die Anziehung vom Universum. Ich sage mir immer: Denk nicht drüber nach, was du nicht hast, sondern sei dankbar dafür was du hast & stelle dir vor, du hättest die Dinge, die du haben möchtest schon, so kommt es zu dir! Das was du ausstrahlst, ziehst du auch an, strahlst du Positives aus ziehst du Positives an & andersrum ist es genauso. Manchmal, wenn ich abends durch die Gegend spazieren gehe, bleibe ich in der Stadt an einem kleinen Wasserbrunnen stehen & höre dem Wasser zu, schaue in den Himmel & stelle mir alles & nichts vor, wie unbegrenzt das wohl alles sein mag & was es alles wohl noch zu entdecken gibt.

Ich habe mich schon immer für Psychologie & Körpersprache interessiert. Es fasziniert mich Menschen kennenzulernen & zu verstehen, ohne mit ihnen ein Wort gewechselt zu haben. Damals lernte ich eine Frau kennen, die nicht sprechen & hören konnte. Sie brachte mir Gebärdensprache & Lippenlesen bei, sodass ich mit ihr kommunizieren konnte, ohne ein Handy in der Hand zu haben. Wenn Menschen sprechen, spricht unterbewusst & unbewusst auch immer ihr Körper. Psychologie ist gerade für mich so interessant, weil ich verstehen möchte, wie Menschen empfinden & fühlen & wie andere Menschen mit Dingen in ihren Leben umgehen & wie sie es nach außen ausstrahlen.

Mein erstes Tattoo habe ich mir stechen lassen, als ich gerade drei Tage achtzehn war. Das erste Tattoo mit einer tiefen Bedeutung für mich, habe ich mir nach meinem ersten Suizidversuch stechen lassen Never give up. Nach meinem zweiten Suizidversuch habe ich mir das Tattoo stechen lassen one live, was soviel heißt wie du hast ein Leben, vergeude es nicht & mache jeden Tag das Schönste & Atemberaubendste aus deinem Leben. Conquer dieses Tattoo heißt für mich, wenn du im Leben was möchtest, dann kämpfe dafür & eroberer es für dich. Das Tattoo Danza en la luivia heißt: Tanz im Regen, egal was in deinem Leben passiert & wenn es mal stürmen, regen oder was auch immer sollte, bleibe deswegen nicht stehen, gehe weiter & tanze dabei. Das Tattoo Gott liebt die Geduldigen, erwarte nichts & du bekommst alles bedeutet für mich, dass mir mein Gott sagt: „Jason, sei geduldig & erwarte nichts im Leben, weil irgendwann bekommst du all das, was du verdienst." Ich habe einige Tattoos auf meinem Körper Nach & nach kommen mehr hinzu. Jedes Tattoo erzählt seine eigene Geschichte, die eine schöner & die andere etwas weniger. Durch meine ersten Tattoos damals wurde ich auch ein Stück selbstbewusster. Sie haben mir in meiner Entwicklung geholfen, was sie bis heute noch tun. Wenn ich mir sie anschaue, erinnere ich mich immer daran, wie weit ich es geschafft habe & wie weit ich es noch schaffen werde.

Es herrschte immer Chaos in meinen Kopf & genau deswegen bin ich ein Perfektionist. Ich mag keine Unordnung um mich herum, gerade wenn es sich um meine eigene Dinge handelt. Es muss alles ordentlich & an seinen Platz sein. Ich brauche Struktur im Leben & feste Abläufe, was nicht heißt, dass ich nicht spontan oder flexibel sein kann. Ordnung & Struktur um mich herum hilft mir extrem mit dem Chaos in meinem Kopf klarzukommen. Das Lesen von Romanen oder Thrillern oder ein Hörbuch zuhören hilft mir in eine andere Welt einzutauchen & von meiner Welt kurz

abzuschalten. Es hilft auch einen Film oder eine
Serie zu schauen.

Wenn du anfängst dich selbst zu verändern,
veränderst du auch dein Umfeld. Indem ich mich
besser kennenlernte & zu mir selbst fand, reflektiere
ich mich, wie ich damals war. Ich war jemand, der
über Menschen urteilte & hinter ihren Rücken
gesprochen hatte & Dinge zu ihnen sagte, die ich
mir nicht mal selbst sagen würde. Ich fing an mich
bei jedem Menschen, den ich mal schlecht begegnet
bin, mit Worten oder Taten persönlich zu
entschuldigen. Heute bin ich der Meinung, alles was
du tust & gibst, bekommst du vom Universum
zurück. Deswegen behandle Menschen wie
behandelt werden willst. Sich Fehler einzugestehen
zeigt von Charakterstärke & Selbstreflexion.

Die körperliche Stärke hängt von der mentalen Stärke ab, wenn du alles aus deinem Körper rausholen möchtest, musst du mit deinem Geist, deiner Seele & deinem Körper im Einklang sein & das wiederum macht dein Erscheinungsbild aus.

Mache bitte diese Phasen, wo du testen wie weit du mit deinem Körper hinsichtlich seiner schmerzlichen Grenzen gehen kannst, nicht einfach so leichtsinnig nach. Nur wenn du deinen Körper zu 100% kennst, Aber auch dann noch am besten unter Aufsicht & am allerbesten mit jemanden, der sich wirklich mit der Materie auskennt!

Schwerelosigkeit, Leichtigkeit, Zeitlosigkeit. Das sind Gefühle, die nur entstehen, wenn man authentisch ist.

„Was du anderen antust, tust du dir letztendlich selbst an" das sagte mir mal jemand, mit dem ich sprach. Er erzählte mir, dass wir alle mal das Leben eines anderen durchleben & dass du ich bist & dass ich du bin. Unsere Seele müsse all diese Erfahrungen des Schmerzes, der Trauer & der Angst durchmachen, um an Erfahrungen für das nächste & wieder nächste Leben wachsen zu können. Begegne anderen so, wie du dir selbst begegnen wollen würdest. Ich sag ja auch immer: Wir sind die Summe all unser Erfahrungen im Leben. Dazu gehören auch die Menschen, die uns begegnen.

Höre auch dich, achte auf dich & tue das, was dir gut tut

Denke an dich, vergiss dich selbst nicht & nehme dir auch mal Zeit für dich. Denke immer daran, wenn es dir gut geht, geht's auch den Menschen um dich herum gut. Verändere dich nicht für andere Menschen, sondern nur, um die beste Version von dir selbst zu werden. Mache dich nicht von einer anderen Person abhängig sondern nur von dir selbst, du musst dich vor niemandem rechtfertigen außer vor dir selbst!

Jemand, der in seinem Sein gefestigt ist, der lässt auch den Liebsten, die Liebste auf liebevoll Art & Weise sein, wie er/sie ist.

Denke immer daran, alles im Leben braucht seine Zeit, auch die Reise zu dir selbst. Du wirst jemandem in deinem Leben begegnen, der dir Halt gibt, der dich festigt, der dich auf deiner Reise begleitet, aber dich nicht einengt, sondern dich so sein lässt, wie du bist & der dich mit jedem Atemzug bestärkt so kannst du die Liebe zu dir selbst entdecken.

Meine eigene liebe, ist die beste Art von Liebe.

Beim Schlafen seine Träume kontrollieren

Wenn ich geschlafen habe & am nächsten Tag aufwachte, konnte ich mich meistens nicht daran erinnern, was ich in der Nacht geträumt habe. Heute ist es anders, ich träume fast jede Nacht & kann mich am nächsten Tag daran erinnern. Ich kann natürlich nicht entscheiden, was ich träume, aber ich kann meine Träume beeinflussen & ich weiß, dass ich mich in meinen Träumen befinde.

In einer Nacht träumte ich davon, dass ich bei meiner Tante war & sie mir Geld gab. Ich habe mich riesig darüber gefreut, als ich das Geld in der Hand hielte. Jedoch sagte ich selbst zu mir Traum: „leider kann ich das Geld nicht mit in die Realität nehmen." Ich verstand, dass ich mich in einem Traum befand. Ich versuchte zu fliegen & es klappte. Am nächsten Tag wurde ich wach & begriff, dass ich meinen Traum in meinem Unterbewusstsein kontrolliert habe. Ich verstand auch, dass ich in meinem Traum meine Probleme & Ängste, die ich verdrängt habe, verarbeitet habe. Denn in dieser Zeit habe ich mir Sorgen um finanzielle Probleme gemacht.

Ich war so fasziniert davon, das ich mich viel über Traumdeutung & Träume kontrollieren informierte. Ich schaute mir Dokus darüber an, habe viel darüber gelesen & habe mich mit anderen Menschen, die ähnliche oder dieselben Erfahrungen wie ich gemacht haben ausgetauscht. In der Traumdeutung gibt es viele Symbole, die einem etwas sagen können. Unterbewusst macht oder erlebt man in seinem Traum Dinge, die einen in der Realität belasten, & die man lösen möchte. Seine Träume zu kontrollieren, nennt man Klartraum oder Luzides Träume. Ich fing an mich damit tiefgründig zu befassen, um die Materie zu verstehen. Ich begann meine Meditation vor dem Schlafengehen mit entspannter Musik wie Naturgeräuschen auszuüben weil ich wieder einen Klartraum haben wollte. Die ersten paar Male funktionierte es nicht. Nach einer Zeit klappte es & ich träumte davon, dass ich mit meiner Familie in meinem Heimatort in unserer alten Wohnung war & dass ich aus dem Fenster ein Foto machte ich sagte zu Mama: „Auch wenn es nur ein Traum ist, es ist schön wieder kurz hier zu sein & zu sehen, dass sich nichts verändert hat, dass alles genau so aussieht, wie wir es verlassen haben." Ich tat es immer wieder, bis ich irgendwann einfach so einschlafen konnte, ohne davor zu meditieren. Es heißt, dass man eine gesündere Psyche bekommt, wenn man so träumt. Das kann ich definitiv bestätigen, aber solche klarträume können auch süchtig machen. Ich hatte öfter solche Phasen, in denen ich wach wurde & nicht unterscheiden konnte, ob es jetzt ein Traum oder die Realität ist. Ich fing an es zu reduzieren & ließ es auf mich zukommen, ob ich einen solchen Traum bekomme. Solche Träume helfen dir einen bessern & tieferen Schlaf zu bekommen. Ich nutze meine Träume, um meine Vergangenheit zu verarbeiten & um kreative

Ideen zu bekommen, die ich dann in der Realität umsetzen kann. Ich liebe es einfach mich in meinen Träumen zu verlieren, ohne mich dabei selbst zu verlieren. Dann kam der Traum, der mein Leben, mein Denken & meine Ansichten verändert hat.

In einer Nacht träumte ich von meiner verstorbenen Freundin. Ich war im Himmel über den Wolken & sie stand hinter meinem Rücken. Ihre Arme waren um mich gelegt & ihr Kopf lag auf meine Schulter. Sie gab mir einen Kuss auf die Wange & sie sagte mir: „Lass mich dich lieben, weil ich dich so liebe wie du bist!" Das machte sie damals auch immer bei mir, als sie noch gelebt hat. Sie drehte sich komplett zu mir & schubste mich die Wolken runter. Dabei hielt sie meine Hand fest, gab mir eine Handvoll Buntstifte & sagte: „Ich lass dich jetzt zurück auf die Erde fallen, ich möchte, dass du mit diesen Bunten stifte dein Leben farbenfroher gestaltest. Ich möchte, dass du glücklich bist!" Dann ließ sie mich los & ich fiel zurück auf die Erde. Nachdem ich wach wurde, dachte ich darüber den ganzen Tag nach. Dann verstand ich es. Seit ihrem Tod dachte ich, sie hätte mich alleine gelassen & stellte mir die Frage, warum sie es tat. Ich verstand, dass es ihre Entscheidung war, dass sie gehen wollte. Ihre Dämonen waren stärker & sie wollte sich von den inneren Schmerzen befreien. Es hatte nichts damit zu tun dass sie mich alleine lassen möchte oder dass sie mich nicht liebt, weil ich weiß, dass sie das mit vollem Herzen tat. Heute akzeptiere ich ihre Entscheidung, so wie ich auch sie respektiere.

Für mich ist sie nicht tot Für mich lebt sie weiter in meiner Erinnerung, wo wir immer noch zusammen sind. Ich habe damit abgeschlossen, was nicht bedeutet dass ich sie vergessen werde. Sie war ein Teil meines Lebens & sie wird es für die Ewigkeit bleiben. Es soll nur heißen, dass ich bereit für etwas Neues bin, wenn ich irgendwann jemandem begegnen sollte. Sie sagte mir mal „Wenn sich das Herz erinnert & man lächelt, dann war es schön!" & das tue ich immer, ich erinnere mich immer daran.

Klarträume oder Luzide Träume sind nicht gesundheitlichsschädlich oder gefährlich, aber sie können süchtig machen. Man kann von seiner eigenen Traumwelt abhängig werden.

Um zu träumen, muss man seine Augen nicht schließen

Luzides Träumen kann jeder mit viel Geduld & Disziplin erlernen. Aber ich empfehle dir, ein Traumtagebuch zu führen. Das mache ich auch, um eine Übersicht zu haben was, ich geträumt habe & wie oft ich Klarträume hatte. Fokussiere dich nicht nur beim Schlafengehen auf Klarträume, erlerne erst dein Unterbewusstsein, durch Meditation zu nutzen.

Menschen verschwinden nie aus deinem Leben, sie können in deiner Erinnerung weiterleben

Wenn ein Mensch dich im Leben verlässt, darfst du natürlich trauern & auch weinen, wenn du es musst. Verdränge deine Emotionen nicht, sondern lass sie raus. Denke immer daran, dass der Mensch in deiner Erinnerung weiterlebt, wenn du es möchtest. So habe ich gelernt, es zu akzeptieren, um in der Zukunft Schritte nach vorne machen zu können, ohne dass die Vergangenheit mich festhält & ohne dass ich sie loslasse.

Meine Nahtoderfahrung

Als ich einmal an mir zweifelte & in nichts mehr einen Sinn, sah erinnerte ich mich an die Worte, die mir bei meinen Suizidversuchen durch den Kopf geschossen sind. Die Emotionen, die ich im ganzen Körper spürte, fühlten sich an, als ob mir jemand mit einer großen Spritze allumfassende Liebe, Wärme & Geborgenheit direkt ins Herz injizierte & mir sagte: „Ich brauche dich, geh' bitte nicht." Jedes Mal, wenn ich an mir selbst zweifle oder extrem starke Suizidgedanken habe, erinnere ich mich genau an die Worte, die mir durch denn Kopf geschossen sind & ich erinnere mich daran, dass ich vieles überstanden, überlebt & gemeistert habe, was um einiges schlimmer war.

Bei meiner Nahtoderfahrung stand ich vor meinem Körper, sah ihn an & fragte mich, ob ich tot sei. Da sagte mir eine Stimme: „Nein, das bist du nicht, du lebst!" Ich weiß nicht, ob ich das geträumt habe, als ich bei meinem ersten Suizidversuch bewusstlos war, aber für mich war es echt. Nachdem die Stimme das sagte, spielte sich mein ganzes Leben vor mir ab & ich war zurück in meinem Körper. Nachdem ich mich im Krankenhaus erholt habe faszinierten mich die Themen, Leben nach dem Tod, Wiedergeburt, Seelen, Engel' einfach alles, was zu dieser Materie dazu gehört!

Ich glaube fest daran, dass wir wiedergeboren werden. Wenn wir wiedergeboren werden, werden wir in der Zukunft als auch in der Vergangenheit wiedergeboren. Déjà-vu Gefühl, das wir kennen, kommt davon, dass wir mal das Leben von jemand anderem gelebt haben. Wenn wir Träume träumen die uns nichts sagen. oder uns Menschen bekannt vorkommen, denen zuvor noch nie begegnet sind, sind das weitere Zeichen dafür, diese Menschen werden in uns Erinnerungen an ein früheres Leben. Unser Körper ist nur eine Hülle & unsere Seele unser wahres Ich & deswegen glaube ich daran, dass wir immer ein weiteres Leben nach dem Tod haben.

Ich glaube auch daran, dass wir alle einen persönlichen Schutzengel haben, der über uns wacht. Ich weiß es einfach, mein Gefühl & Gespür sagt es mir. Damals bei meiner Nahtoderfahrung hat ein Engel über mich gewacht. Nachdem ich meine Hose angezogen habe & mein Schlüsselbund rausholte, fielen ein paar Federn aus meiner Hosentasche. Sie waren nur in dieser Hosentasche. Ich habe sonst nie außer meinen Schlüssel, Karten wie zum Beispiel meinen Ausweis Handy & Kopfhörer in meiner Hosentasche, nicht mal Fusseln. Deswegen höre ich auf meine Intention! Nur weil man etwas nicht sehen kann, heißt es nicht, dass es nicht existiert. Können wir Liebe sehen? Nein! Aber wir können es empfinden & spüren.

Ich glaube fest daran & dass macht mir persönlich keine Angst vor dem Tod. Dadurch habe ich aber auch gelernt das Leben, das man jetzt hat, wertzuschätzen & wenn ich Suizidgedanken habe, erinnere ich mich daran was ich noch alles erleben möchte.

Schreibe eine To-Do-Liste mit all den Dingen, die du noch erleben möchtest, ob alleine oder zu zweit, mit einem Menschen, der dir nahesteht. Mir persönlich hilft es extrem, mir das zu manifestieren. wenn meine Gedanken mal wieder extrem negativ sind, hole ich sie raus um mich daran zu erinnern, dass man dieses Leben nur einmal lebt & man keine Sekunde vergeuden sollte.

Du gehörst immer dahin, wo Du sein möchtest.

Schließe deine Augen &;stell dir vor du bist an einem Ort, der dir grade gut tun würde
Ein Ort, wo du dich wohlfühlen würdest mit Musik, die zudem passt, was du dir grade vorstellst. Du kannst überall sein, auch wenn du es grade nicht körperlich kannst. Wenn du es dir geistig vorstellst, schließe deine Augen, lass deinen Körper locker werden & lass dich in deine Gedanken fallen
Atme tief ein & langsam wieder aus & wiederhole es ein paar Mal.

Wenn du mal eine Nahtoderfahrung gemacht hast, sprich mit jemandem darüber. Ich tue es grade zum ersten Mal, indem ich darüber schreibe & ich merke, wie gut es meiner Seele tut. Es befreit sie von der Angst, nicht verstanden zu werden, Ich habe verstanden, dass es nicht darum geht, was andere dir glauben. Nur weil es in ihrem Universum nicht existiert, heißt es nicht, dass es bei dir auch so ein muss. Es ist nicht wichtig, wie andere dich sehen, sondern nur wie du dich selbst siehst! Vergiss es nie.

Wenn du jemanden aufblühen sehen willst,
schenke ihm dein Vertrauen oder deine Zeit.

Wenn du einen Menschen kennenlernen möchtest,
nimm dir Zeit. Zeit diesen Menschen zu verstehen,
wieso sie oder er so geworden ist, wie der Mensch
heute ist. Verurteile einen Menschen nicht aufgrund
seiner oder ihrer Vergangenheit. Denke immer
daran, du bringst auch eine mit! Auch wenn du diese
Welt durch die Augen des anderen nicht verstehen
oder nachvollziehen kannst, trägt genau dieser
Mensch genauso viel mit sich rum wie du.

Ich bin auch der Meinung dass ein Mensch keinen
anderen Mensch heilen kann, anhand der Narben die
man auf der Seele trägt. Aber man kann für die
Person gegenüber, Balsam für die Seele sein indem
man der Person einfach ein offenes Ohr oder eine
offene Tür, in die man flüchten kann, schenkt die
Person für einen Augenblick eine Auszeit. & wenn
es sein sollte, auch eine Umarmung & eine Schulter
zum anlehnen.

Menschen kommen & gehen
& dann gibt es die,
die dich wirklich mögen.

Heilpflanzen statt Medikamenten?

Ich habe im Laufe meines Lebens viele Erfahrungen mit Medikamenten gemacht, die ich selbst zu mir genommen habe oder durch Freunde oder Familie kennenlernen durfte. Ich habe immer gedacht, wenn ich Kopfschmerzen hätte, müsste ich dementsprechend eine Kopfschmerztablette nehmen oder wenn es meiner Seele nicht gut geht zum Beispiel Antidepressiva & so weiter! Tabletten haben mich eher mehr aus der Bahn geworfen & runtergezogen, als sie mir geholfen haben!

Heute bin ich der Meinung, dass Medikamente dem Körper eher schaden, als dass sie ihm helfen. Ich habe schon immer gerne Tee getrunken, zu meinen Lieblingssorten gehörten Kamille, Pfefferminze & Fencheltee. Es tut meinem Wohlbefinden & meiner Seele gut & irgendwann stellte ich mir die Frage, was es wohl noch für Pflanzen gibt. Gewürznelken helfen zum Beispiel bei Zahnfleischentzündung, Rosmarin hilft gegen Muskelkater & der Durchblutung im Körper. Es gibt viele verschiedene Kräuter die dem Körper aber auch der Seele & dem Geist gut tun.

Kräuter & Pflanzen können auch der Haut zu Gute kommen. Ich persönlich halte auch nichts davon, wenn man sich täglich mit Duschgel oder Shampoo wäscht. Das macht die Haare & die Haut kaputt & macht sie fettig, es reicht sich einfach mit ganz normalen Wasser abzuduschen, um der Haut auch Zeit zum Erholen zu geben. Ich achte allgemein darauf, was ich konsumiere & zu mir nehme. Ich esse seit mehren Jahren kein Fleisch mehr, trinke keine Milch & esse keinen Fisch. Ich lebe nicht ganz ohne tierische Produkte, aber ich ernähre mich gesund & extrem bewusst. Es gibt ein Sprichwort: „Du bist das, was du isst & das strahlst du wieder aus." Ernährung hat nicht nur was mit deinem Gewicht zu tun oder deinem Körper, sondern auch viel damit, wie es deiner Seele & deine Psyche geht. Aber ich vergesse nie: Die Dosis macht das Gift weil Mir hilft ein Stück Schokolade ab & zu, weil es meiner Seele extrem gut tut. Ich habe mein Gleichgewicht gefunden. Meine Ernährung sowie mein Sport geben mir Gleichgewicht im Leben, eine Struktur & ein Ziel, um mittlerweile auch ohne Medikamente klarzukommen, für heute & für immer!

Ich bin kein Heilpraktiker oder Heilmediziner, das möchte ich erwähnen. Ich kann dir nur aus eigener Erfahrung sagen, höre auf deinen Körper, höre auf deine Seele, was dir gut tut. Nur weil es gut sein soll, heißt es nicht, dass es für dich gut ist. Damit möchte ich auch sagen, nur weil Medikamente mir nicht helfen, heißt es nicht, dass sie dir nicht helfen können. Ich möchte letztendlich damit sagen, bevor du welche nimmst, probiere erstmal was anderes aus. Überdenke deine Ernährung & finde heraus was dir hilft & was nicht!

Der Weg zu Gesundheit führt durch eine gesunde Küche & nicht zu einem Apotheker um die Ecke.

Ich persönlich Ernährung mich bewusst & ausgeglichen. Ich achte nicht auf die Waage sondern viel mehr auf mein Spiegelbild. Ich gönne mir auch mal was außerhalb von meinem Ernährungsplan. Ernähre dich bewusst & ausgeglichen, aber verzichte nicht nur!

Selbstliebe fängt dann an, wenn du dich in deiner Haut wohlfühlst.

Was Familie für mich bedeutet

Meine Mama, meine Geschwister & ich, sind total verschiedene Charaktere. Jedoch muss ich sagen, dass ich viel von meiner Mama habe, worauf ich total stolz bin. Nicht nur äußerlich, sondern auch charakterlich. Die Augen & meine Gesichtszüge habe ich von Mama & dass ich als Mann etwas kleiner bin, habe ich auch von ihr. Ich habe von Mama den Humor, bei dem wir extrem ernst bleiben können, das sehr sensibel Sein, das sich viel zu Herzen Nehmen, habe ich auch von ihr, sowie das Temperament & die große Klappe. Was ich von ihr nicht habe, ist das chaotische ich brauche Ordnung. Aber das was ich bei Mama chaotisch nenne, ist ihre eigene Ordnung, wie auch immer sie ein System darin findet. Eine Frage, die ich mir wohl ewig stellen werde. Mama kann gut kochen, wenn sie mal kocht, dann macht sie es mit der besten Zutat dieser Welt & das ist Liebe!

Zu meinem leiblichen Vater brauche ich nicht viel zu sagen, nur dass ich sagen kann, dass Mama seine Vaterrolle definitiv gut übernommen hat!

In jeder Familie gibt es mal mehr oder weniger Stress oder auch mal Meinungsverschiedenheiten. Am Ende geht es immer darum, dass man sich wieder da findet, wo man Zu Hause ist, & mein Zuhause ist, wo meine Mama ist! Mein Bruder ist eher der Ruhige, der vieles mit sich selbst ausmacht.

Er hat das Herz & die Seele an der richtigen Stelle. Er würde sein letztes Hemd abgeben, wenn ich es bräuchte. Meine kleine Schwester ist sehr temperamentvoll auf ihre eigene Art & sehr naiv auf eine schöne Art. Sie liebt Tiere mehr als mich habe ich manchmal das Gefühl. Nein Spaß beiseite. Sie hat genau so eine gute Seele & ein gutes Herz, wie mein Bruder & meine Mama.

Familie bedeutet für mich, trotz allem was passiert ist oder passieren wird, füreinander da zu sein! Familie bedeutet für mich Glück, Zusammenhalt & nicht alleine sein. Ich vergesse nie, woher ich komme, wie ich aufgewachsen bin & wie ich erzogen wurde. Ich hatte eine extrem schöne Kindheit, auch wenn Mama ihre Dämonen hatte & auch wenn Mama immer sagt: „Ich bin nicht perfekt, ich habe viele Fehler gemacht!" Ich sagte ihr immer: Mama? es geht nicht darum, dass andere dich als perfekte Mama ansehen, sondern es reicht alleine aus, wenn Ich & meine Geschwister es tun!" Mama? Vergiss bitte nicht" du bist nicht nur eine Mama, sondern auch ein Mensch. Menschen machen Fehler, sowie ich auch. Es geht im Leben darum, dass man daraus lernt & auch darum, das man den Mut dazu hat, dafür einzustehen & sich zu entschuldigen.

Mama, wenn du hier angekommen bist & das hier lies, möchte ich, dass du weißt, dass du bei meiner Erziehung nie etwas falsch gemacht hast, auch wenn sie etwas strenger war. Ich weiß, dass du mit Dämonen deiner Vergangenheit, Gegenwart &

Zukunft zu kämpfen hast & ich möchte mich dafür bedanken, dass du mir damals aus deinen Tagebüchern Berichte über deine Kindheit & Jugend vorgelesen hast. Du hast mir gezeigt, dass man sich so zeigen kann, wie man ist & dass die Vergangenheit zu einem gehört. Du hast einen Teil dazu beigetragen, dass ich meine Geschichte erzähle & dieses Buch schreibe, weil du mir deine erzählt hast & dich mir wirklich gezeigt hast. Wie & wer du wirklich bist. Dass hinter meiner. Oder einer Mama mehr stecken kann als nur eine Mama, dass auch eine Mama nur ein Mensch ist & keine Angst haben sollte, vor ihren Kindern zu weinen. Wenn diese Gefühle & Emotionen raus müssen, sollen sie raus. Damit bist du für mich die stärkste Person in meinen Augen, in meiner Welt & in meinem Universum. Vielleicht nicht für andere, aber allein schon für mich & das reicht aus.

Familie bedeutet für mich auch, sich für nichts schämen zu müssen & sich so zu zeigen, wie man wirklich ist, ohne Angst haben zu müssen, etwas verstecken zu müssen.

Ich möchte dir auch nach sagen, dass Depressionen, Schizophrenie, Angststörungen oder Panikattacken auch genetisch durch die Familie vererbt werden können.

Man bekommt eine Depression nicht nur, wenn man etwas Schlimmes erlebt hat. Eine Depression kann jeden Menschen treffen, unabhängig davon welches Erscheinungsbild man hat, woher man kommt oder welchen Status man hat.

Ich mag all die Orte, an die mich Worte bringen können, wenn man dabei seine Augen schließt, wenn es für einen mal zu viel wird!

Jeden Menschen kann mal ein Schicksalsschlag treffen der eine Depression auslöst. Wie ich braucht dieser Mensch dann genau so Hilfe & eine Stütze, die ihn unterstützt, dann gemeinsam ist man viel stärker als allein.

Nachtragend war ich noch nie, denn ich sehe alles nur aus Lebenswege, Erfahrungen, Wachstum & Liebe, vergiss du das auch für dich nicht!

Wie Corona mein Leben beeinflusste

Corona traf mich wie ein Ball mitten ins Gesicht.
Dann kam auch schon der erste Lockdown. Ich habe
zu Hause mit den Möglichkeiten, die ich hatte,
trainiert. Das waren eine Klimmzugstange, ein
Gummiband & ein paar Hanteln die nicht mehr als
1,5 Kilo schwer waren. Ich tat die Gewichte alle in
einen Rucksack, um mehr Gewicht auf einmal heben
zu können. Ich dachte mir nur: Man muss das beste
aus dem machen, was man hat!

Dann kam auch schon der zweite Lockdown, der
sieben Monate ging, bis die Fitnessstudios wieder
geöffnet haben. Darauf habe ich mich am
allermeisten gefreut. Ich habe jedem zweiten Tag ein
Ganzkörpertraining mit den Möglichkeiten gemacht,
die ich Z Hause hatte. Natürlich kann man ein
Homeworkout nicht mit einem richtigen Training im
Fitnessstudio vergleichen. Aber für meine Psyche
war es extrem befriedigend, um einfach im Kopf zu
wissen, dass man etwas getan hat. So war ich für
mich viel ausgeglichener & entspannter.

Der zweite Lockdown ist das Beste, was mir
persönlich passieren konnte. Ich habe mehr an mir
gearbeitet, indem ich gelernt habe besser mit
vernünftiger Kritik umzugehen. Ich habe gelernt das
alle Dinge ihre Zeit brauchen. Indem ich habe
gelernt noch geduldiger zu sein als sonst. In der Zeit

habe ich an meinem ersten Buch geschrieben & gearbeitet & mir somit meinen Traum erfüllt.

Ich habe in dieser Zeit noch mehr gelernt, Dinge einfach durchzuziehen, ohne groß zu reden & einfach das Ergebnis für sich sprechen zu lassen. Ich habe gelernt, dass es nicht darauf ankommt, ob Menschen um dich herum deine Arbeit, Kunst oder Leistung gut finden, sondern dass es darum geht, das du alleine es aus perfekt empfindest! Nachdem ich mein erstes Buch fertig geschrieben habe, habe ich mir eine neue Aufgabe gesucht & angefangen Gitarre spielen zu lernen. Erstmal habe ich die Akkorde gelernt, dann ein paar einfache Songs & jetzt kann ich das erste Instrument in meinem Leben spielen.

Ich ging abends immer alleine spazieren & es tat mir gut, meine Gedanken unter dem Sternenhimmel zu sortieren so ist mir beim Spaziergang auch der Titel für mein erstes Buch in den Kopf gekommen. Die meisten Zeilen sind unter dem Nachthimmel entstanden. Ich habe gelernt, dass alleine sein auch schön sein kann, indem man sich nur mal auf sich fokussiert & sich nur Zeit für sich nimmt. & man kann sein Glück & seine Zufriedenheit auch bei sich selbst finden, ohne sich von einer einzigen Person abhängig zu machen! ich habe mein Bewusstsein erweitert, indem ich mich mit verschiedenen Themen beschäftigt habe & dazugelernt habe. Ich habe meine Meditation erweitert & während des Lockdowns mit Yoga angefangen, was mir wirklich ein Gleichgewicht gab.

Ich hatte auch in dieser Zeit ein Auf & Ab mit meinen Emotionen, Gefühlen & meiner Psyche Manchmal lief es gut & manchmal weniger gdiesIch hatte in diese Zeit auch mit meinen Dämonen zu kämpfen. Aber dank Corona habe ich gelernt, mich mit Dingen intensiver auseinanderzusetzen.

Natürlich hat Corona viele Menschen getroffen & vielleicht auch gerade dich mehr negativ als positiv & du hast drunter gelitten. Ich möchte damit nur sagen, wenn solche Dinge in deinem Leben noch mal passieren, versuche immer das Positive im Negativen zu sehen, auch wenn gerade kein Weg dahin zu sehen ist.

Es sind die Kleinigkeiten im Detail, die man nicht sofort erkennt & erst dann, wenn man sie nicht mehr hat. Jede einzige Kleinigkeit ist einzigartig & etwas Besonderes.

Ich habe gelernt, Dinge noch mehr zu schätzen, wie gesund zu sein & mich vor langer Zeit mit meiner Psyche gefangen zu haben. Ich habe gelernt, dass ich mich mit jeder Erfahrung, die in meinen Leben passiert, weiterentwickle. Mama sagte mir immer: „Wer weiß, wofür das gut war!"

Genieße die kleinen Dinge im Leben, denn das ist für mich Glückseligkeit.

Wenn du in deinem Leben Hürden begegnest, vergesse nicht, dass man aus allem wieder etwas Neues bauen kann. Das Wichtigste, was es für dich & deiner Seele gibt, nämlich Erfahrung, an denen du wachsen & lernen kannst.

Sensible Menschen

Sensible Menschen nehmen mit ihren Sinnen mehr wahr als andere Menschen. Sie sind wegen ihrer Gutmütigkeit anfälliger für Verletzungen als die meisten. Leider haben sie nicht immer ein dickes Fell & nehmen sich vieles zu Herzen

Sie sind nah am Wasser gebaut & fallen tiefer als andere, wenn ihre Seele verletzt wird. Sie sind herzlich, verständnisvoll & können sich gut in die Lage anderer hineinversetzen. Sie sind hilfsbereit & geben immer mehr, als sie selber nehmen.

Man wird ihre Nähe zu schätzen wissen, denn sie haben die Sonne im Herzen & das spiegelt sich in ihrem Lächeln wieder. Es sind meistens Menschen, die in ihrem Leben schon viel durchmachen mussten & dadurch geprägt sind.

Sie sind nicht kompliziert, man muss nur einen eigenen ähnlichen Blickwinkel haben, um sie zu erkennen & zu schätzen.

Wenn du weinen musst, weine ruhig, egal wo du bist oder wie viele Menschen um dich herum sind. Du brauchst dich für deine Emotionen nicht zu rechtfertigen & entschuldigen, wenn sie mal raus müssen.

Gemeinsam frei sein,
aber dabei nah sein

Sie sagte mal zu mir: „Ich kann doch auch nichts dafür, dass ich erstmal herausfinden muss, wer ich bin, was ich möchte & wohin meine Reise geht."

Ich sagte dann zu ihr: „Ich kann dich auf deiner Reise begleiten, sodass du herausfinden kannst, was du möchtest & wer du sein möchtest, sodass du dich auf deiner Reise selbst entdecken kannst, ohne dabei alleine zu sein, aber zugleich frei zu sein!"

Auf dieser Reise zu ihr selbst, hat sie nicht nur für sich etwas herausgefunden oder ich für mich selbst, sondern wir haben zusammen was für uns herausgefunden & haben uns gemeinsam neu entdeckt. Es geht darum, sich frei aber trotz allem nah zu fühlen. Um das zu entdecken, braucht man Zeit. Es geht auch darum, sich nah zu fühlen, ohne das man wirklich nah beieinander ist.

Wärme ist keine Frage der Außentemperatur,
sondern der richtigen Person neben dir.

Miteinander so umzugehen, dass es einzigartig
& nicht austauschbar ist.

Worte an dich

Was ich dir noch sagen möchte zusätzlich zudem, was ich dir alles schon hier gesagt habe?

Ich möchte dir sagen, das du immer wieder Menschen in deinem Leben begegnen wirst die dich nicht verstehen werden, was auch in völlig in Ordnung ist, weil es irgendwo da draußen jemanden geben wird, der es tun wird. Der dir das Gefühl geben wird, dass du dich nicht für deine Gefühle oder Emotionen entschuldigen oder rechtfertigen musst. Der dich so liebt/mag, wie du bist, mit all deinen Facetten. Du wirst in deinem Leben auch noch oft enttäuscht, verletzt & hintergangen werden, auch das ist in Ordnung weil es darum geht, dass du nicht stehen bleibst & dich im Kreis drehen wirst sowie es die meisten tun.

Wenn du mal an dir zweifeln solltest, denke auch immer daran, dass es jemanden geben wird, der an dich & deine Ziele, Träume glauben wird.

Ich möchte dir auch sagen: Wenn du mal nicht weiter weißt, weil du Angst hast, oder nicht weißt wie man mit einer Panikattacke umgeht wenn du Suizidgedanken hast oder nicht weißt, wie man von verschiedenen Substanzen loskommt oder du einfach ein neuen, bessere Weg zu dir finden möchtest, aber nicht weißt, wie du damit anfangen sollst: wenn du Hilfe bei den Schritten zur fachlichen

Behandlung bei Ärzten oder Betreuern brauchst kannst du mich immer gerne kontaktieren. Ich verspreche dir, ich werde dir helfen, sowie man mir damals geholfen hat & mich nicht alleine gelassen hat. Auch wenn du einfach nur einen Ratschlag ein offenes Ohr oder einen Gesprächspartner brauchst bin ich für dich da.

Denke immer daran, du bist ein Unikat, weil es dich nur einmal gibt & das macht dich einzigartig, so wie du bist!

Ein paar Zeilen über den Autor
Jason Steinke

In dem Glanz meiner Augen wirst Du, wenn du Aufmerksam bist, die Tiefe meiner Seele entdecken. Entfessle sie & lass meinen Geist frei. In der Wärme meines Herzens wirst du die Tiefe meiner Liebe entdecken, entfessle auch diese & lass es lieben wie es immer lieben wollte. In den Menschen, der ich wirklich bin, wirst du Vertrauen & Liebe finden. Lass mich frei & lass mich leben, wie ich immer leben wollte.

Breche meine Mauern, öffne meine Augen & betrachte was meine Augen sehen. Greife nach meinem Herzen & fühle, was mein Herz fühlt. Teile meine Sehnsüchte & meine Träume, fühle mein Empfinden & meine Gefühle.

Akzeptiere meine Vergangenheit & meine Fehler, glaube an meine Wünsche & an meine Zukunft. Versuch zu sehen, was andere nicht sehen, höre, was andere nicht hören, fühle, was andere nicht fühlen, & bringe deine Vergangenheit mit, ich habe auch eine!

Ich kann gut kochen & mache das sogar sehr gerne. Ich bin begeisterter Sportler & schreibe gerne & liebe lange Gespräche mit vielen Details darin. Ich mag Menschen, die tiefgründig sind & einen weiten Blickwinkel für Details im Leben haben die für manche mit den bloßen Auge nicht sofort erkennbar sind. Ich liebe Poesie & Lyrik & Romane, die mich in eine andere Welt eintauchen lassen. Ich bin begeistert von Kunst, aber kann selbst nicht Z zeichnen. Ich liebe am meisten erotische Kunst, weil da die eigene Fantasie mit der Erotik in den Gedanken vermischt.

Ich versuche ehrlich zu sein in jeder Lebenslage. Aber ich würde lügen, wenn ich sage, ich hätte noch nie gelogen. Ich lebe aus meiner Seele heraus & höre auf mein Herz, während ich dem Verstand so oft wie möglich, die Möglichkeit gebe, mich zu führen. Ich bin treu & loyal bis ins Mark.

Wenn ich liebe, dann verdammt nochmal mit jeder Faser meines Körpers & mit jedem Herzschlag, der in meiner Brust schlägt & mit jeder Zelle, die in meinem Verstand ist.

Meine Worte noch zum Ende

Als ich dieses Buch geschrieben habe, hatte ich genau zwei Ziele!

Erstens beim Schreiben alles nochmal durchleben zu dürfen, um ein für alle Male damit abschließen zu können.

Zweitens „Wenn ich auch nur einen Menschen damit erreiche, dem ich nachhaltig damit helfen konnte, habe ich alles geschafft, was ich wollte," sagte ich mir bevor ich noch die erste Zeile fertiggestellt hatte.

Ich weiß, dass einige es Vielleicht nicht verstehen werden, es geht auch nicht darum, sondern dass die eine Person sich dadurch selbst wiederfindet & weiß, dass er oder sie nicht damit alleine ist.

Meine Philosophie hinter meinem Buch, diesem Buch ist, dass ich zeigen möchte, das hinter jeder Hülle eine Seele steckt, die ihre Päckchen der Vergangenheit, Gegenwart & Zukunft zu tragen hat & dass man nicht oberflächlich über jemanden urteilen sollte!

Nackt ist man erst, wenn man nichts mehr zu verbergen hat.

Danksagung!

Ich möchte mich bei meiner Mama Anja Steinke bedanken die für mich die schönste, stärkste & mutigste Person auf diesem Planeten ist! Auch wenn wir nicht immer derselben Meinung waren oder unsere Konflikte hatten, bin ich dir für immer dankbar, dass du mich immer wieder aufgefangen hast, wenn ich einen festen Halt brauchte. Vergiss auch du nie Mama, wenn du mal ein festen Halt brauchst, ich bin immer für dich da, wie du es auch für mich bist, wenn es drauf ankommt. Mama? Wenn du auf dieser Seite ankommen bist, wirst du mich Vielleicht besser verstehen & vergiss auch nicht, dass ich dich liebe & stolz auf dich bin, wie du bist.

Ich möchte mich auch bei meinem Freund oder, „Betreuer" Marvin Darius bedanken, dass er mich schon lange auf meinem Weg begleitet. Ich weiß an dir sehr zu schätzen, dass du eine sehr starke Empathie für Dinge hast & dich in diese reinversetzen kannst. Ich möchte mich auch dafür bedanken, dass du mich immer auf den Boden gehalten hast, wenn ich das Gefühl hatte, es stürzt ein. Ich möchte mich auch dafür bedanken, dass unsere Freundschaft, „Zusammenarbeit" so gut harmoniert. Ich möchte einfach nur danke sagen. Danke Marvin.

Ich möchte mich auch anschließend bei Celina Sieben für die Gestaltung des wunderschönen Covers bedanken & dafür, du es viel besser umgesetzt hast, als ich es mir in meinen Gedanken hätte vorstellen können & dass du deine eigenen Ideen mit rein gebracht hast. Ich möchte mich nicht nur dafür bedanken, sondern auch für deine Freundschaft, für unsere Verbindung, dass wir uns verstehen, ohne ein Wort zu sagen. Ich möchte dir auch sagen, dass du mal wieder an dir zweifeln solltest, denk immer an meine Worte: „Deine Seele ist so wunderschön was du durch dein Äußeres wiederspiegelst!" Danke, dass es dich in meinem Leben gibt.

Ich möchte mich bei meiner Freundin Julia Heid bedanken weil sie mir immer bei meiner Arbeit Zuspruch gegeben hat sie mich bei jedem Treffen ermutigt & inspiriert hat, meine Geschichte zu erzählen. Ihre Worte waren: „Du wirst damit vielen Menschen helfen die genauso fühlen, wie wir es tun!" Hinter Julias starkes Erscheinungsbild steckte viel mehr, als man mit dem bloßen Auge erkennen konnte. Es steckte eine Seele in ihr die sensibel war die auch Stärke & Mut in sich getragen hat. Sie hatte viel liebe in sich, die sie mir gezeigt hat. Ich möchte mich bei dir bedanken, dass du mir vertraut hast & du zu diesem Buch beitragen hast. Du wirst auf ewig in meiner Erinnerung weiterleben & ich werde bei jedem Training, das ich absolviere, für deine Leidenschaft mit trainieren.

Ich möchte mich natürlich auch bei meinen Testleser/innen bedanken, die mein Buch vorab gelesen haben. Ich möchte mich auch bei Lea Kaumanns bedanken, die mein Buch gelesen hat & denn ein oder anderen Rechtschreibfehler & Satzbau verbessert hat. Dankeschön.

Ich möchte mich auch selbstverständlich bei dir bedanken, das du mein Buch gekauft hast & mein Buch gelesen hast. Ich danke dir & vergiss nicht, du bist einzigartig wie du bist, weil du im Leben über mehrere Brücken gegangen bist, die schon fast kaputt waren & du trotzdem nicht stehen geblieben, bist sondern immer weiter gegangen bist!

Betrachte dich selbst als Farbe. Du bist vielleicht nicht jedermanns Lieblingsfarbe, aber glaub mir, eines Tages wirst du jemanden treffen, der dich braucht, um sein Bild zu vervollständigen.

Wenn man einander zum Lachen bringt, dann sollte man einander nicht mehr loslassen.

Da sieht man von Weitem ein Lächeln, strahlende Augen, man berührt sich, als ob man sich schon immer berührt hätte, man riecht einander, ein Geruch, den man schon immer kannte, man schaut einander in die Augen & man sieht Vertrautheit.

Jeder Mensch hinterlässt eine Melodie in unserem Herzen, die uns nicht mehr aus dem Kopf gehen wird.

Wenn du sie in den Arm nimmst, beschützt du
sie vor all den Dämonen, die sie jagen.
Besonders vor denen, die in ihr selbst toben.

Jemanden in den Arm nehmen, der sich dann
derart geborgen fühlt, seine Maske fallen lässt &
weint. Das ist Vertrauen!

Wer in Beziehungen nichts zu verbergen hat,
den gegenüber nicht beeindrucken muss, keine
Spielchen spielen muss, keine Maske tragen
muss & keiner in der Vergangenheit lebt, dann
ist dies eine echte seelische Verbindung, die
Bestand haben kann.

Sich verlieren können. Da, wo man gut
aufgehoben ist.

Ich trage deine Worte unter meinem Arm. Lasse deine Worte mit meinem Geschriebenen wegfliegen. Lese dich, fühle deine Traurigkeit, atme deine Hoffnung, küsse deine Worte, sinke in deine Welt & werde Teil deiner Worte unter meinem Arm, sodass du damit nicht mehr alleine bist.

Zeig mir dein schönes Unbekanntes.

Weißt du, was das schönste Gefühl ist? Wenn sich das eigene Glücklichsein in den Augen des Gegenübers spiegelt & zwei Augenpaare nur so um die Wette strahlen.

Die echte Liebe besteht nicht aus zwei perfekten Menschen, sondern aus ehrlichen Fehlern.

Seine eigenen Grenzen zu achten & sich selbst zu schützen, heißt nicht, dass es nicht weh tut.

Ich hätte jetzt gerne eine kleine Taschenlampe, die brennt & "Ich lieb dich" in den Himmel schreibt.

Depressive Menschen sind nicht die schwachen Menschen. Nein! Sie sind die stärksten Menschen, die ich je getroffen habe!

Die besten Zuhörer sind die, die eigentlich selber jemanden brauchen, der ihnen zuhört.

*Glück bedeutet, ebendieses in den Augen
seiner Lieben sehen zu dürfen.*

*Es heißt, der Mensch sei der Architekt seines
Schicksals.*

*Im nächsten Leben versuch ich mal dieses
"einfach".*

Als ihre Seele die Musik wieder spürte,
begann sie zu leuchten.

Manchmal gehen wir vom Schlimmsten aus,
weil wir Angst davor haben, zu hoffen.

Nur weil man es nicht laut sagt, heißt es
nicht, dass man es nicht laut fühlt.

Egal was mit uns in diesem Leben geschehen wird, unsere Seelen werden sich im nächsten Leben wieder begegnen, weil unsere Seelen miteinander verbunden sind, sagte sie mir nachts sanft in mein Ohr, als sie in meinen Armen lag.